롯데그룹 온라인 L-TAB

시대에듀

2025 최신판 시대에듀 사이다 모의고사 롯데그룹 L-TAB 온라인 직무적합진단

Always **with you**

사람의 인연은 길에서 우연하게 만나거나 함께 살아가는 것만을 의미하지는 않습니다.
책을 펴내는 출판사와 그 책을 읽는 독자의 만남도 소중한 인연입니다.
시대에듀는 항상 독자의 마음을 헤아리기 위해 노력하고 있습니다. 늘 독자와 함께하겠습니다.

머리말 PREFACE

롯데그룹은 글로벌 기업으로 롯데제과를 설립한 이후 40여 년 동안 식품, 유통, 관광, 화학, 건설, 금융 등으로 꾸준히 사업을 다각화하면서 국가 경제 발전과 고객의 삶의 질 향상에 기여해왔다. 또한 철저한 품질주의와 내실 경영으로 건전한 재무구조를 구축하고, 핵심 사업에 역량을 효율적으로 집중하였다. 이를 통해 글로벌 경쟁력을 지속적으로 강화하여 세계 기업으로의 도약을 위한 기반을 다져왔다.

롯데그룹은 미래 50년 동안에도 지속가능한 성장을 이룰 수 있도록 그룹의 성장 방향을 질적 성장으로 전환하고, 이에 맞춰 새로운 비전인 「Lifetime Value Creator」를 선포하여 고객에게 전 생애주기에 걸쳐 최고의 가치를 선사하도록 노력하고 있다.

롯데그룹은 사고와 행동방식의 기준으로 'Beyond Customer Expectation', 'Challenge', 'Respect', 'Originality'라는 핵심가치와 함께 '투명 경영', '핵심 역량 강화', '가치 경영', '현장 경영'이라는 네 가지 경영방침을 제시한다. 이를 바탕으로 적극적으로 세계 시장을 개척하여 아시아를 선도하는 글로벌 기업의 꿈을 반드시 실현해 나갈 수 있도록 우수인재 확보를 위한 롯데그룹만의 인재 선발방식인 L-TAB을 실행하고 있다.

이에 시대에듀에서는 롯데그룹 온라인 직무적합진단 L-TAB을 준비하는 수험생들이 시험에 효과적으로 대비할 수 있도록 다음과 같은 특징의 본서를 출간하게 되었다.

도서의 특징

❶ 언어적 사고/수리적 사고/문제해결 총 3개의 출제영역으로 구성된 모의고사를 4회분 수록하여 매일 1회씩 풀며 시험 전 4일 동안 자신의 실력을 최종적으로 점검할 수 있도록 하였다.

❷ 전 회차에 도서 동형 온라인 실전연습 서비스를 제공하여 실제로 온라인 시험에 응시하는 것처럼 연습할 수 있도록 하였다.

❸ 온라인 모의고사 2회분을 더해 부족한 부분을 추가적으로 학습해 볼 수 있도록 하였다.

끝으로 본서를 통해 롯데그룹 입사를 준비하는 여러분 모두에게 합격의 기쁨이 있기를 진심으로 기원한다.

SDC(Sidae Data Center) 씀

롯데그룹 기업분석 INTRODUCE

◇ 미션

사랑과 신뢰를 받는 제품과 서비스를 제공하여
인류의 풍요로운 삶에 기여한다.

We enrich people's lives by providing superior products and services that our customers love and trust.

롯데가 설립 이래 지속적으로 고객에게 제공해 온 '풍요'의 가치를 강조해 타 그룹과 차별성을 나타낸다.

'고객의 사랑과 신뢰를 받고 인류의 삶에 기여'하기 위한 끊임없는 노력의 동기를 제공한다.

'제품과 서비스' 그리고 '인류'라는 포괄적인 표현으로 신규 사업영역 확장의 의지를 피력한다.

◇ 비전

Lifetime Value Creator
'새로운 50년을 향한 다짐'

롯데는 미래 50년 동안에도 지속가능한 성장을 이룰 수 있도록 그룹의 성장 방향을 질적 성장으로 전환하고, 이에 맞춰 새로운 비전을 선포하였다. 「Lifetime Value Creator」에는 롯데의 브랜드를 통해 고객에게 전 생애주기에 걸쳐 최고의 가치를 선사하겠다는 의미가 담겨있다.

◇ 핵심가치

Beyond Customer Expectation

우리는 고객의 요구를 충족하는 데 머무르지 않고, 고객의 기대를 뛰어넘는 가치를 창출해낸다.

우리는 업무의 본질에 집중하며 끊임없는 도전을 통해 더 높은 수준의 목표를 달성해 나간다.

우리는 다양한 의견을 존중하며 소통하고, 원칙을 준수함으로써 신뢰에 기반한 공동체를 지향한다.

우리는 변화에 민첩하게 대응하고, 경계를 뛰어넘는 협업과 틀을 깨는 혁신을 통해 쉽게 모방할 수 없는 독창성을 만든다.

◇ 인재상

자신의 성장과 함께 우리 사회를 보다 성숙시켜 나갈
열정과 **책임감**을 갖춘 글로벌 인재

1. 실패를 두려워하지 않는 인재
2. 실력을 키우기 위해 끊임없이 노력하는 인재
3. 협력과 상생을 아는 인재

신입사원 채용 안내 INFORMATION

롯데그룹은 수시채용을 통해 계열사별로 필요한 시기와 인원을 판단하여 신입사원을 채용하고 있다. 전반적인 채용절차는 다음과 같으나, 지원 회사 및 모집 분야에 따라 세부적인 절차가 달라지므로 정확한 절차는 개별 채용공고를 통해 확인해야 한다.

◇ 채용절차

서류전형

- 롯데그룹의 미션과 비전에 공감하고 핵심가치에 부합하는 지원자를 선별하는 전형
- 지원자의 기본적 자질 및 가치관을 심사하고 입사지원서 기재사항에 대한 사실 여부 확인

L-TAB

- 지원자의 조직적응력 및 직무적합성을 판단하기 위한 기초능력 진단
- **조직적합진단** : 지원자의 성격과 가치관이 롯데그룹의 문화와 얼마나 부합하는지 판단
- **직무적합진단** : 지원자가 직무 수행을 위한 기초역량을 갖추었는지 종합적으로 판단

면접전형

- 지원자의 역량, 가치관 및 발전 가능성을 종합적으로 심사
- 다양한 방식을 하루 동안 ONE-STOP으로 진행(역량면접, 임원면접, PT면접, GD면접, 외국어 평가 등)

※ 지원하는 계열사 · 직무에 따라 면접유형이 상이할 수 있습니다.

건강검진 및 합격

- 건강검진은 계열사별로 진행하며, 안내받은 일정과 장소에 방문하여 검진 시행
- 최종합격자에 한하여 입사 후 그룹 및 계열사 입문교육 시행

❖ 채용절차는 채용유형, 채용직무, 채용시기 등에 따라 변동될 수 있으므로 반드시 발표되는 채용공고를 확인하기 바랍니다.

온라인 시험 Tip TEST TIP

◇ 직무적합진단(적성검사) 형식 및 답변 방식

영역	• 3개 영역 • 언어적 사고, 수리적 사고, 문제해결
문제 형식	• 실제 업무 상황처럼 구현된 Outlook 메일함/자료실 환경에서 신입사원으로서 겪을 수 있는 다양한 과제를 해결해 가는 형식
답변 방식	• 이메일 혹은 메신저 형태로 제시된 과제에 대하여 응시자가 [이메일-회신] 혹은 [메신저-답장]을 통해 답변 등록 • 객관식, 주관식, 특정 자료 첨부 등의 여러 가지 형태로 답변 가능

◇ 필수 준비물

❶ 타인과 접촉이 없으며 원활한 네트워크 환경이 조성된 응시 장소
❷ 권장 사양에 적합한 PC 및 주변기기(웹캠, 마이크, 스피커, 키보드, 마우스)
❸ 신분증(주민등록증, 주민등록증 발급 확인서, 운전면허증, 여권, 외국인거소증 중 택 1), 휴대전화

◇ 유의사항

❶ 반기 1회 응시 결과를 해당 반기 내 활용한다(상반기 6/30, 하반기 12/31까지 유효).
❷ 사전 검사 미실시 시 본 진단에 참여할 수 없으므로 반드시 실시해야 한다.
❸ 부정행위 의심을 받을 수 있으니 문제 풀이 외의 행동을 삼간다.
❹ 준비 물품 이외의 물품은 책상 위에서 제거하도록 한다.
❺ 시험 도중 화장실에 갈 수 없으므로 주의한다.
❻ 시험을 보기 전날, 롯데그룹에서 제공하는 직무적합진단 응시자 매뉴얼을 마지막으로 숙지한다.

학습플랜 STUDY PLAN

1일 차 학습플랜 1일 차 기출응용 모의고사

_____월 _____일		
언어적 사고	수리적 사고	문제해결

2일 차 학습플랜 2일 차 기출응용 모의고사

_____월 _____일		
언어적 사고	수리적 사고	문제해결

3일 차 학습플랜 3일 차 기출응용 모의고사

_____월 _____일		
언어적 사고	수리적 사고	문제해결

4일 차 학습플랜 4일 차 기출응용 모의고사

_____월 _____일		
언어적 사고	수리적 사고	문제해결

취약영역 분석 WEAK POINT

1일 차 취약영역 분석

시작 시간	:	종료 시간	:
풀이 개수	개	못 푼 개수	개
맞힌 개수	개	틀린 개수	개
취약영역 / 유형			
2일 차 대비 개선점			

2일 차 취약영역 분석

시작 시간	:	종료 시간	:
풀이 개수	개	못 푼 개수	개
맞힌 개수	개	틀린 개수	개
취약영역 / 유형			
3일 차 대비 개선점			

3일 차 취약영역 분석

시작 시간	:	종료 시간	:
풀이 개수	개	못 푼 개수	개
맞힌 개수	개	틀린 개수	개
취약영역 / 유형			
4일 차 대비 개선점			

4일 차 취약영역 분석

시작 시간	:	종료 시간	:
풀이 개수	개	못 푼 개수	개
맞힌 개수	개	틀린 개수	개
취약영역 / 유형			
시험일 대비 개선점			

이 책의 차례 CONTENTS

문 제 편 롯데그룹 L-TAB 온라인 직무적합진단

해 설 편 정답 및 해설

1일 차
기출응용 모의고사

〈시험 개요 및 시간〉

롯데그룹 L-TAB 온라인 직무적합진단	
개요	시간
• 실제 업무 상황처럼 구현된 Outlook 메일함 / 자료실 환경에서 이메일 및 메신저 등으로 전달된 다수의 과제 수행 • 문항에 따라 객관식, 주관식, 자료 첨부 등 다양한 형태의 답변이 가능 • 문항 수 구분은 없으나 대략적으로 30 ~ 40문제 수준의 문항 수가 주어짐	3시간 (사전준비 1시간 포함)

롯데그룹 L-TAB 온라인 직무적합진단

1일 차 기출응용 모의고사

문항 수 : 40문항
시험시간 : 120분

※ L사 총무부에 근무하는 김대리는 상사로부터 사내 휴게실에 비치할 도서를 구매하라는 지시를 받았다. 김대리는 도서구매 사이트별 정보를 고려하여 〈조건〉에 따라 2가지 도서를 구입하고자 한다. 이어지는 질문에 답하시오. **[1~2]**

〈도서구매 사이트별 정보〉

구분	할인정보	배송정보
다보자	모든 서적 5% 할인	주문 당일배송, 익일 도착 (주말, 공휴일 제외)
해피북스	동일 서적 2권 이상 구매 시 해당 서적 각 15% 할인	주문 익일배송, 배송 후 도착일까지 3일 소요 (주말, 공휴일 포함)
북스킹덤	한 번에 5권 이상 구매 시 모든 서적 10% 할인	주문 후 도착까지 3일 소요 (주말, 공휴일 제외)
다시책방	동일 서적 3권 이상 구매 시 해당 서적 각 10% 할인	주문 당일배송, 배송 후 도착일까지 2일 소요 (주말, 공휴일 제외)
살찌는 서점	스테디셀러 '나만 아는 부동산경제학' 15% 할인	주문 당일배송, 배송 후 도착일까지 4일 소요(주말, 공휴일 포함) ※ 배송비 3,000원 추가 시 익일 도착 가능

※ 모든 도서구매 사이트는 구매 금액이 5만 원 이상이면 배송비가 무료임

〈조건〉

- 김대리는 '나만 아는 부동산경제학' 1권, '한 해를 보내며' 3권을 구매하고자 한다.
- 각 도서의 정가는 다음과 같다.

구분	나만 아는 부동산경제학	한 해를 보내며
정가	42,000원	31,000원

- 김대리는 구매 금액을 최소화하기 위해 노력한다.
- 김대리가 배송비를 포함하여 도서구매에 사용할 수 있는 예산은 130,000원이다.

01 김대리가 배송일 및 배송비는 고려하지 않고 할인적용 후 도서구매 금액만 최소화할 수 있는 사이트를 선택한다고 할 때, 김대리가 선택한 사이트와 도서구매 금액이 바르게 짝지어진 것은?

	도서구매 사이트	구매 금액
①	다보자	123,800원
②	해피북스	121,050원
③	해피북스	123,800원
④	다시책방	121,050원
⑤	살찌는 서점	122,050원

02 김대리가 도서를 구매할 때 고려해야 할 〈조건〉은 다음과 같다. 이에 따라 김대리가 도서구매를 위해 선택할 사이트와 예상도착일이 바르게 짝지어진 것은?

〈조건〉

- 김대리는 8월 1일(목)에 '나만 아는 부동산경제학' 1권, '한 해를 보내며' 3권을 주문하고자 한다.
- 모든 사이트는 도서별 개별배송이 불가능하며, 일괄 배송한다.
- 김대리는 '한 해를 보내며' 3권을 모두 늦어도 8월 3일(토)까지는 수령하여야 한다.

	도서구매 사이트	예상도착일
①	다보자	8월 2일
②	다보자	8월 3일
③	해피북스	8월 2일
④	살찌는 서점	8월 2일
⑤	살찌는 서점	8월 3일

※ L사 임직원들은 워크숍에 참석하여 다음과 같은 내용의 강연을 듣게 되었다. 이어지는 질문에 답하시오. [3~6]

사람은 태어나면서 저절로 권리 능력을 갖게 되고 생존하는 내내 보유한다. 그리하여 사람은 재산에 대한 소유권의 주체가 되며, 다른 사람에 대하여 채권을 누리기도 하고 채무를 지기도 한다. 사람들의 결합체인 단체도 일정한 요건을 갖추면 법으로써 부여되는 권리 능력인 법인격을 취득할 수 있다. 단체 중에는 사람들이 일정한 목적을 갖고 결합한 조직체로서 구성원과 구별되어 독자적 실체로서 존재하며, 운영 기구를 두어 구성원의 가입과 탈퇴에 관계없이 존속하는 단체가 있다. 이를 사단(社團)이라 하며, 사단이 갖춘 이러한 성질을 사단성이라 한다. 사단의 구성원은 사원이라 한다. 사단은 법인(法人)으로 등기되어야 법인격이 생기는데, 법인격을 갖춘 사단을 사단법인이라 부른다. 반면에 사단성을 갖추고도 법인으로 등기하지 않은 사단은 '법인이 아닌 사단'이라 한다. 사람과 법인만이 권리 능력이 있으며, 사람의 권리 능력과 법인격은 엄격히 구별된다. 그리하여 사단법인이 자기 이름으로 진 빚은 사단이 가진 재산으로 갚아야 하는 것이지 사원 개인에게까지 책임이 미치지 않는다.

회사도 사단의 성격을 갖는 법인이다. 회사의 대표적인 유형이라 할 수 있는 주식회사는 주주들로 구성되며, 주주들은 보유한 주식의 비율만큼 회사에 대한 지분을 갖는다. 그런데 2001년에 개정된 상법은 한 사람이 전액을 출자하여 1인 주주로 회사를 설립할 수 있도록 하였다. 사단성을 갖추지 못했다고 할 만한 형태의 법인을 인정한 것이다. 또 여러 주주가 있던 회사가 주식의 상속, 매매, 양도 등으로 말미암아 모든 주식이 한 사람의 소유로 되는 경우가 있다. 이런 '1인 주식회사'에서는 1인 주주가 회사의 대표이사가 되는 사례가 많다. 1인 주주가 회사를 대표하는 기관이 되면 경영의 주체가 개인인지 회사인지 모호해진다. 법인인 회사의 운영이 독립된 주체로서의 경영이 아니라 마치 개인 사업자의 영업처럼 보이는 것이다.

구성원인 사람의 인격과 법인으로서의 법인격이 잘 분간되지 않는 듯이 보이는 경우에는 간혹 문제가 일어난다. 상법상 회사는 이사들로 이루어진 이사회만을 업무 집행의 의결 기관으로 둔다. 또한 대표이사는 이사 중 한 명으로, 이사회에서 선출되는 기관이다. 그리고 이사의 선임과 이사의 보수는 주주총회에서 결정하도록 되어 있다. 그런데 주주가 한 사람뿐이면 사실상 그의 뜻대로 될 뿐, 이사회나 주주총회의 기능은 퇴색하기 쉽다. 심한 경우에는 회사에서 발생한 이익이 대표 이사인 주주에게 귀속되고 회사 자체는 허울만 남는 일도 일어난다. 이처럼 회사의 운영이 주주 한 사람의 개인 사업과 다름없이 이루어지고, 회사라는 이름과 형식은 장식에 지나지 않는 경우에는, 회사와 거래 관계에 있는 사람들이 재산상 피해를 입는 문제가 발생하기도 한다. 이때 그 특정한 거래 관계에 관련하여서만 예외적으로 회사의 법인격을 일시적으로 부인하고 회사와 주주를 동일시해야 한다는 '법인격 부인론'이 제기된다. 법률은 이에 대하여 명시적으로 규정하고 있지 않지만, 법원은 권리 남용의 조항을 끌어들여 이를 받아들인다. 회사가 1인 주주에게 완전히 지배되어 회사의 회계, 주주총회나 이사회 운영이 적법하게 작동하지 못하는데도 회사에만 책임을 묻는 것은 법인 제도가 남용되는 사례라고 보는 것이다.

03 윗글을 통해 추론한 내용으로 적절하지 않은 것은?

① 사단성을 갖춘 단체는 그 단체를 운영하기 위한 기구를 둔다.
② 주주가 여러 명인 주식회사의 주주는 사단의 사원에 해당한다.
③ 법인격을 얻은 사단은 재산에 대한 소유권의 주체가 될 수 있다.
④ 사단법인의 법인격은 구성원의 가입과 탈퇴에 관계없이 존속한다.
⑤ 사람들이 결합한 단체에 권리와 의무를 누릴 수 있는 자격을 주는 제도가 사단이다.

04 윗글에서 설명한 주식회사에 대해 이해한 내용으로 가장 적절한 것은?

① 대표이사는 주식회사를 대표하는 기관이다.
② 1인 주식회사는 대표이사가 법인격을 갖는다.
③ 주식회사의 이사회에서 이사의 보수를 결정한다.
④ 주식회사에서는 주주총회가 업무 집행의 의결 기관이다.
⑤ 여러 주주들이 모여 설립된 주식회사가 1인 주식회사로 바뀔 수 없다.

05 A대리는 강연이 끝난 후 퀴즈를 맞힌 직원들에게 나누어줄 경품을 선정하고 있다. 〈조건〉에 따라 경품을 나누어줄 때, 다음 중 반드시 참인 것은?

〈조건〉

- A대리는 펜, 노트, 가습기, 머그컵, 태블릿PC, 컵받침 중 3종류의 경품을 선정한다.
- 머그컵을 선정하면 노트는 경품으로 선정하지 않는다.
- 노트는 반드시 경품으로 선정한다.
- 태블릿PC를 선정하면 머그컵도 선정한다.
- 태블릿PC를 선정하지 않으면 가습기는 선정되고 컵받침은 선정되지 않는다.

① 가습기는 경품으로 선정되지 않는다.
② 머그컵과 가습기 모두 경품으로 선정된다.
③ 컵받침은 경품으로 선정된다.
④ 태블릿PC는 경품으로 선정된다.
⑤ 펜은 경품으로 선정된다.

06 A대리는 워크숍 후 야유회 준비를 위해 물과 음료수를 합쳐 총 330개를 구입하였다. 야유회에 참가한 직원을 대상으로 물은 1인당 1개, 음료수는 5인당 1개씩 나눴더니 남거나 모자라지 않았다. 야유회에 참가한 직원의 수는?

① 260명
② 265명
③ 270명
④ 275명
⑤ 280명

※ L사는 해외기술교류를 위해 외국으로 파견할 팀을 구성하고자 한다. 다음은 파견팀장 선발에 관한 내용이다. 이어지는 질문에 답하시오. **[7~8]**

〈해외기술교류 파견팀장 선발 방식〉

1. 파견팀장 자격요건
   - 공학계열 학위 보유자
   - 지원 접수마감일 기준 6개월 이내에 발급된 종합건강검진 결과서 제출자

2. 파견팀장 선발 방식
   - 다음 항목에 따른 점수를 합산하여 선발점수(100점)를 산정함
   - 선발점수가 가장 높은 1인을 파견팀장으로 선발
   - 학위 점수(30점)

학위	학사	석사	박사
점수	18	25	30

   - 현장경험 점수(30점)

해외파견 횟수	없음	1～2회	3～4회	5회 이상
점수	22	26	28	30

   - 어학능력 점수(20점)

자체시험 점수 (500점 만점)	0점 이상 150점 미만	150점 이상 250점 미만	250점 이상 350점 미만	350점 이상 450점 미만	450점 이상 500점 이하
점수	5	10	14	17	20

   - 근속연수 점수(20점)

근속연수	5년 미만	5년 이상 10년 미만	10년 이상 15년 미만	15년 이상
점수	12	16	18	20

〈파견팀장 지원자 현황〉

지원자	학위	해외파견 횟수	자체시험 점수	근속연수	종합건강검진 결과서 발급일
A	기계공학 박사	1회	345	8년	2024. 04. 29
B	전자공학 석사	2회	305	11년	2024. 08. 18
C	국제관계학 학사	3회	485	5년	2024. 07. 09
D	전자공학 학사	1회	400	9년	2024. 06. 05
E	재료공학 석사	없음	365	16년	2024. 08. 16

07 인사관리과에서는 파견팀장 지원 접수를 2024년 8월 20일에 마감하였다. 파견팀장 선발 방식에 따를 때, 파견팀장으로 선발될 지원자는?

① A ② B
③ C ④ D
⑤ E

08 인사관리과는 현지 관계자들의 의견에 따라 파견팀장 자격요건을 변경하고 2024년 8월 30일까지 새로 지원 접수를 받았다. 변경된 파견팀장 자격요건이 다음과 같을 때, 파견팀장으로 선발될 지원자는?(단, 지원자 현황은 자격요건 변경 전과 동일하다)

〈변경된 파견팀장 자격요건〉

1. 파견팀장 자격요건
   - 공학계열 혹은 국제관계학 학위 보유자
   - 지원 접수마감일 기준 3개월 이내에 발급된 종합건강검진 결과서 제출자

① A ② B
③ C ④ D
⑤ E

※ 다음은 L마트의 배송이용약관이다. 이어지는 질문에 답하시오. **[9~12]**

〈배송이용약관〉

▶ **배송기간**

① 당일배송상품은 오전 주문 시 당일 오후 배송(당일배송 주문마감 시간은 지점마다 상이함)
② 일반배송상품은 상품 결제 완료 후 평균 2～4일 이내 배송완료
③ 일반배송상품은 택배사를 이용해 배송되므로, 주말, 공휴일, 연휴에는 배송이 되지 않음
④ 당일배송상품의 경우 각 지점에 따라 배송정책이 상이하므로 이용매장에 직접 확인해야 함
⑤ 꽃 배송은 전국 어디서나 3시간 내에 배달 가능(단, 도서 산간지역 등 일부 지역은 제외, L마트 근무시간 내 주문접수되어야 함)

▶ **배송비**

① 당일배송상품을 제외한 상품은 무료배송이 원칙(단, 일부 상품의 경우 상품가격에 배송비가 포함될 수 있으며, 도서지역의 경우 도선료, 항공료 등이 추가될 수 있음)
② 당일배송상품 지점별로 배송비 적용 정책이 상이함(해당점 이용안내 확인 필요)
③ 도서상품은 배송비 무료
④ CD / DVD 상품은 39,000원 미만 주문 시 배송비 3,000원 부과
⑤ 화장품 상품은 30,000원 미만 주문 시 배송비 3,000원 부과
⑥ 기타 별도의 배송비 또는 설치비가 부과되는 경우는 해당 상품의 구매페이지에 게재함

▶ **배송확인**

① [나의 e쇼핑 > 나의 쇼핑정보 > 주문 / 배송현황]에서 배송현황의 배송조회 버튼을 클릭하여 확인할 수 있음
② 주문은 [주문완료] > [결제완료] > [상품준비 중] > [배송 중] > [배송완료] 순으로 진행
- [주문완료] : 상품대금의 입금 미확인 또는 결제가 미완료된 접수 상태
- [결제완료] : 대금결제가 완료되어 주문을 확정한 상태
- [상품준비 중] : 공급처가 주문내역을 확인 후 상품을 준비하여 택배사에 발송을 의뢰한 상태
- [배송 중] : 공급처에 배송지시를 내린 상태(공급처가 상품을 발송한 상태)
- [배송완료] : 배송이 완료되어 고객님이 상품을 인수한 상태

※ 배송주소가 2곳 이상인 경우 주문할 상품의 상세페이지에서 [대량주문하기] 버튼을 클릭하면 여러 배송지로 상품 보내기 가능(배송주소를 여러 곳으로 설정할 때는 직접 입력 또는 엑셀파일로 작성 후 파일 업로드 2가지 방식 이용)

09 서울 R대학의 기숙사 룸메이트인 갑과 을은 L마트에서 각각 물건을 구매했다. 2명 모두 일반배송상품을 이용하였으며, 갑은 화장품 세트, 을은 책 3권을 구매하였다. 각각 물건을 구매하는 데 배송비를 포함하여 얼마가 들었는지 구하면?(단, 갑이 구매한 화장품 세트는 29,900원이며 을이 구매한 책은 1권당 10,000원이다)

	갑	을
①	29,900원	30,000원
②	29,900원	33,000원
③	30,900원	33,000원
④	32,900원	33,000원
⑤	32,900원	30,000원

10 서울에 사는 병은 L마트에서 해운대에 사시는 부모님께 보내드릴 사과 1박스를 주문했다. 사과는 L마트 일반배송상품으로 가격은 32,000원인데 현재 25% 할인을 하고 있다. 배송비를 포함하여 상품을 구매한 총금액과, 상품이 부모님 댁에 늦어도 언제까지 배송될 예정인지 구하면?

일	월	화	수	목	금	토
1	2	3	4	5	6 상품 결제완료	7
8	9	10	11	12	13	14

	총금액	배송완료일
①	24,000원	9일 월요일
②	24,000원	12일 목요일
③	27,000원	10일 화요일
④	32,000원	12일 목요일
⑤	32,000원	13일 금요일

11 정은 L마트에서 처음으로 물건을 구매하려고 한다. 상품 구매 전 배송이용약관을 읽고 정이 이해한 내용으로 적절하지 않은 것은?

① L마트에서 파는 상품들 중 당일배송상품을 제외한 모든 상품은 지역에 상관없이 무료배송이네.

② 꽃 배송은 도서 산간 등 일부지역을 제외하고 L마트 근무시간 내에만 접수되면 전국 어디서나 3시간 이내 배달이 가능해.

③ 당일배송은 마포점과 강남점의 배송정책이 다를 수 있으니까 해당 점포에 미리 확인하고 이용해야겠어.

④ 여러 배송지로 상품 보내기도 가능하니까 효율적이고 편리한 것 같아.

⑤ 배송확인에서 배송 중이란 표시는 공급처가 상품을 발송한 상태군.

12 운송업체에서 택배 기사로 일하고 있는 A씨는 5곳에 배달을 할 때, 첫 배송지에서 마지막 배송지까지 총 1시간 20분이 걸린다. 평균적으로 위와 같은 속도로 배달을 할 때 12곳에 배달을 한다면, 첫 배송지에서 출발해서 마지막 배송지까지 배달을 마치는 데 걸리는 시간은?(단, 배송지에서 머무는 시간은 고려하지 않는다)

① 3시간 12분
② 3시간 25분
③ 3시간 36분
④ 3시간 40분
⑤ 3시간 52분

※ L사 신입사원 면접이 시작되었다. 면접 시험장에 대기 중인 A ~ F 6명은 1번부터 6번까지의 번호를 부여받아 번호 순서대로 면접을 보게 된다. 면접 순서에 대한 정보는 다음과 같다. 이어지는 질문에 답하시오. **[13~16]**

〈면접 순서 정보〉

- 1, 2, 3번은 오전에 4, 5, 6번은 오후에 면접을 보게 된다.
- C, F는 오전에 면접을 본다.
- C 다음에는 A가, A 다음에는 D가 차례로 면접을 본다.
- B는 2번 아니면 6번이다.

13 면접을 볼 수 있는 모든 경우의 수는?

① 1가지
② 2가지
③ 3가지
④ 4가지
⑤ 5가지

14 다음 중 항상 참인 것은?

① D는 B보다 일찍 면접을 본다.
② C는 2번째로 면접을 본다.
③ A는 E보다 늦게 면접을 본다.
④ F는 C보다 일찍 면접을 본다.
⑤ E는 D보다 일찍 면접을 본다.

15 다음 중 항상 오후에 면접을 보는 사람은?

① A
② B
③ D
④ E
⑤ F

16 면접에서 A, B, C 세 사람이 합격할 확률이 각각 $\frac{1}{3}$, $\frac{1}{4}$, $\frac{1}{5}$이라면, B만 합격할 확률은?

① $\frac{1}{60}$
② $\frac{1}{4}$
③ $\frac{2}{15}$
④ $\frac{3}{5}$
⑤ $\frac{1}{9}$

※ L마트에서는 로컬푸드 홍보를 위해 로컬푸드 구매자를 대상으로 사은품을 증정하려고 한다. 이어지는 질문에 답하시오. **[17~20]**

〈사은품 세부 사항〉

- 로컬푸드 50,000원 이상 구매 고객에게 증정
- 로컬푸드 50,000원 이상은 장바구니, 100,000원 이상은 장바구니, 텀블러 증정
- 장바구니 500개, 텀블러 200개 준비
- 사은품 증정 행사 4월 1일부터 진행(사은품은 행사 전날까지 준비)

〈사은품 제작업체〉

구분	갑업체	을업체	병업체	정업체
하루 생산 가능 개수 (동시 생산 가능)	장바구니 130개 텀블러 80개	장바구니 150개 텀블러 150개	장바구니 90개 텀블러 80개	장바구니 200개 텀블러 100개
개당 제작 단가	장바구니 1,500원 텀블러 2,500원	장바구니 1,300원 텀블러 2,600원	장바구니 800원 텀블러 3,500원	장바구니 900원 텀블러 3,200원
기타	총수량 600개 이상 구매 시 홍보문구 무료 삽입	홍보문구 삽입 시 개당 500원 추가	홍보문구 삽입 시 개당 200원 추가 (텀블러는 무료 이벤트 중)	홍보문구 삽입 시 개당 300원 추가

17 L마트에서 비용만을 고려할 때, 갑 ~ 정업체 중 가장 저렴한 비용으로 사은품을 구매할 수 있는 업체는?(단, 홍보문구는 삽입하지 않는다)

① 갑업체
② 을업체
③ 병업체
④ 정업체
⑤ 모두 같음

18 제작 요청일이 3월 28일이고 당일부터 제작을 시작한다면, 기한 안에 제작이 가능한 업체 중 제작비용이 가장 저렴한 곳의 비용은?(단, 홍보문구는 삽입하지 않는다)

① 1,090,000원
② 1,100,000원
③ 1,170,000원
④ 1,250,000원
⑤ 1,280,000원

19 홍보효과를 높이기 위해 사은품에 로컬푸드 홍보문구를 삽입하려고 한다. 갑 ~ 정 업체 중 가장 저렴하게 사은품을 구매할 수 있는 업체는?(단, 제작일정은 고려하지 않는다)

① 갑업체
② 을업체
③ 병업체
④ 정업체
⑤ 모두 같음

20 L마트의 로컬푸드 홍보를 위해 모인 A ~ D 4명은 각각 다른 팀에서 근무하는데, 각 팀의 사무실은 2 ~ 5층에 위치하고 있다. 다음 〈조건〉을 참고할 때, 항상 참인 것은?

〈조건〉

- A, B, C, D 중 2명은 부장, 1명은 과장, 1명은 대리이다.
- 대리의 사무실은 B보다 높은 층에 있다.
- B는 과장이다.
- A는 대리가 아니다.
- A의 사무실이 가장 높다.

① 부장 중 1명은 반드시 2층에 근무한다.
② A는 부장이다.
③ 대리는 4층에 근무한다.
④ B는 2층에 근무한다.
⑤ C는 대리이다.

※ 다음은 L회사의 어느 해 1월 월간 일정표이다. 이어지는 질문에 답하시오. **[21~24]**

〈1월 일정표〉

월	화	수	목	금	토	일
		1 신정	2	3	4	5 단합대회
6	7	8	9	10 L데이 홍보행사 (~ 1/12)	11 L데이	12
13	14	15	16 L회사 회장 T지점 방문	17	18	19
20	21 1인 가구 대상 소포장 과자 홍보행사	22	23	24 설 연휴	25 설 연휴	26 설 연휴
27 대체공휴일	28	29	30	31		

21 다음 〈조건〉을 고려할 때 명절선물세트 홍보일로 가능한 날짜는?

〈조건〉

- 홍보행사는 요일에 상관없이 진행할 수 있다.
- L회사에서는 명절선물세트를 3일간 홍보한다.
- 명절선물세트 홍보는 설 연휴 전에 마친다.
- 명절선물세트는 다른 상품 홍보행사와 겹치지 않게 홍보한다.
- 사내행사가 있는 날짜를 피해서 홍보한다.

① 1월 3 ~ 5일
② 1월 8 ~ 10일
③ 1월 13 ~ 15일
④ 1월 19 ~ 21일
⑤ 1월 27 ~ 29일

22 L회사는 1월 중에 직원 진급공고를 내려고 한다. 다음 〈조건〉을 고려할 때, 공고가 가능한 날짜는?

〈조건〉

- 사내행사와 홍보행사 당일 및 전날, 다음 날을 제외하고 진급공고를 낸다.
- 공휴일 및 공휴일 전날이나 다음 날을 제외하고 진급공고를 낸다.
- 명절선물세트 홍보일은 **21**번 문제에서 정한 날짜로 한다.

① 1월 6일
② 1월 8일
③ 1월 15일
④ 1월 23일
⑤ 1월 28일

23 L회사 직원들은 1월에 연차 휴가를 하루씩 쓰려고 한다. 다음 〈조건〉에 따라 직원들이 연차를 사용할 때, 한대리가 연차를 쓸 수 있는 날은?

〈조건〉

- 모든 직원들은 명절을 포함하는 주 이전에 연차 휴가를 사용한다.
- 공휴일은 연차에 포함되지 않는다.
- 연차일은 사내행사나 홍보행사가 없는 날짜로 한다.
- 명절선물세트 홍보일은 **21**번 문제에서 정한 날짜로 한다.
- 연차일은 다른 직원과 겹칠 수 없다.
- 김부장은 1월 3일, 박차장은 1월 8일, 유과장은 1월 17일, 정과장은 1월 2일, 하사원은 1월 6일에 연차를 사용한다.

① 1월 7일
② 1월 10일
③ 1월 14일
④ 1월 20일
⑤ 1월 31일

24 L사의 T지점에서 1인 가구 대상 소포장 과자 홍보행사에 앞서 원가의 20%를 추가한 금액을 정가로 하는 과자를 15% 할인해서 판매했다. 50개를 판매한 금액이 127,500원일 때, 이 제품의 원가는?

① 1,500원
② 2,000원
③ 2,500원
④ 3,000원
⑤ 3,500원

※ L회사에서 스마트팜 공모전을 개최하려고 한다. 이어지는 질문에 답하시오. **[25~28]**

〈L회사 스마트팜 공모전〉

1. 기간 : 2024년 3월 5일 ~ 2024년 5월 10일
2. 지원자격 : ○○지역에 1년 이상 거주하고 있는 개인 또는 2명 이상 10명 이하의 팀
   (팀으로 지원하는 경우 팀원의 거주기간 평균이 1년 이상이어야 함)
   ※ 지원자격 미충족 시 본선에 진출할 수 없음
3. 내용 : ○○지역의 스마트팜 활성화를 위한 아이디어(다음 아이디어에는 가산점을 부여한다)
   가. 청년농 유입과 연계 시 가산점
   나. 창업농 육성과 연계 시 가산점
   다. 유휴시설 활용과 연계 시 가산점
4. 본선심사
   가. 본선 진출 시 모든 참가팀에 기본점수 부여
   나. 가산점을 부여하는 아이디어를 제시한 경우 가산점 10 ~ 15점 부여
   다. 가산점을 부여하는 아이디어를 제시하지 않은 경우 9점부터 제출일이 빠른 순서대로 높은 점수 부여
5. 상금 및 부상
   - 대상(1팀) : 300만 원과 농촌사랑상품권 30만 원
   - 최우수상(1팀) : 200만 원과 농촌사랑상품권 15만 원
   - 우수상(2팀) : 100만 원과 농촌사랑상품권 10만 원
   - 장려상(5팀) : 50만 원과 농촌사랑상품권 5만 원
6. 세부일정
   가. 지원서 제출 : 2024년 3월 5일 ~ 2024년 3월 31일
   나. 지원서심사 및 본선 진출자 결정 : 2024년 4월 1일 ~ 2024년 4월 30일
   다. 본선 진출 공고 : 2024년 5월 1일
   라. 최종시상 : 2024년 5월 10일

〈L회사 스마트팜 공모전 지원자 목록〉

참가번호	팀원 수	평균 거주기간	아이디어	지원서 제출일
1	3	23년	창업농 육성 연계 아이디어	2024년 3월 8일
2	1	10년		2024년 3월 24일
3	5	1년 3개월	유휴시설 활용 연계 아이디어	2024년 3월 30일
4	6	5년		2024년 3월 13일
5	2	1년 8개월		2024년 3월 20일
6	8	12년		2024년 4월 1일
7	2	3년 2개월	유휴시설 활용 연계 아이디어	2024년 3월 11일
8	9	2년 10개월		2024년 3월 22일
9	3	1년		2024년 3월 10일
10	12	3년	창업농 육성 연계 아이디어	2024년 4월 18일
11	7	11개월		2024년 4월 3일
12	7	4년 7개월		2024년 3월 8일
13	1	6개월		2024년 3월 7일

14	7	13년		2024년 3월 30일
15	15	9년	청년농 유입 연계 아이디어	2024년 3월 29일
16	3	14년		2024년 3월 25일

25 **L회사 스마트팜 공모전의 상금 및 부상에 들어가는 총비용은?**

① 1,040,000원
② 6,500,000원
③ 7,100,000원
④ 10,000,000원
⑤ 10,400,000원

26 **L회사 스마트팜 공모전 지원팀 중 본선에 진출하지 못하는 팀의 수는?**

① 2팀
② 3팀
③ 4팀
④ 5팀
⑤ 6팀

27 **다음 중 최종 시상에서 상금과 부상을 받을 수 있는 팀의 참가번호는?**

① 참가번호 2번
② 참가번호 6번
③ 참가번호 10번
④ 참가번호 11번
⑤ 참가번호 15번

28 **다음 중 스마트팜 공모전에 대해 이해한 내용으로 적절하지 않은 것은?**

① 친구와 둘이 출전하겠어. 난 ○○지역에 6개월 살았는데 친구가 5년째 살고 있으니 지원자격은 충분하겠군.
② 난 상금을 꼭 타겠어. 최소 9등 안에만 들어가면 되는군.
③ 최종시상식은 5월 10일이군. 미리 일정을 비워놔야겠어.
④ 제출일이 빠른 순서대로 높은 점수를 부여하네.
⑤ 청년농 유입과 연계 시 20점의 가산점이 있어.

※ 다음은 A사원이 L사 인트라넷 게시판에 게재할 글이다. 이어지는 질문에 답하시오. [29~32]

우리는 이제껏 한 번도 경험해 보지 못한 새로운 세계를 맞이하고 있다. 정보 통신 기술의 급격한 발달과 함께 우리의 삶을 구성하고 있는 거의 모든 영역이 상품화되어 가고 있는 것이다. 가장 오래된 문화 산업이라고 할 수 있는 관광부터 시작해서 스포츠, 예술, 여가 생활 등은 물론이고 사상이나 지식, 아이디어 등도 모두 상품화되고 있으며, 심지어는 의식주를 비롯한 생활 방식마저 상품으로 판매되는 상황이 벌어지고 있다. 경제학자 리프킨(Jeremy Rifkin)은 '접속과 문화 자본주의'라는 개념으로 이러한 현상을 설명하고 있다.

접속은 인터넷은 물론 전자 제품, 자동차, 주택 같은 다양한 실물 영역에서도 일관되게 발견되는 포괄적 추세이다. 접속은 이들 상품을 일시적으로 사용하는 권한을 말하는 것으로, 이의 상대 개념은 소유라고 할 수 있다. 산업 시대는 소유의 시대였다. 기업은 많은 상품을 팔아 시장 점유율을 높이고 소비자는 상품을 시장에서 구입하고 소유하여 자신의 존재 영역을 확대했다. 그러나 자동차 회사는 이제 자동차를 파는 것이 아니라 임대하여 고객이 평생토록 자신들과 관계 맺기를 원하고, 고객은 자동차를 소유하지 않고 임차하여 보다 나은 서비스를 받기를 원한다. 기업은 물건을 팔지 않고 서비스나 다른 영역의 접속에 관한 권리를 팔면서 고객의 시간을 장악해 나간다. 우리의 삶이 상품 교환에 바탕을 둔 체제에서 경험 영역의 접속에 바탕을 둔 체제로 변하고 있음을 의미한다.

이와 같은 접속의 시대에는 인간의 모든 경험이 다 서비스화 될 수 있다. 문화라고 부를 수 있는 모든 것이 돈을 매개로 매매될 수 있는 상황이 되는 것이다. 사실상의 모든 인간 활동이 돈으로 거래되는 세계에서는 감정의 연대, 믿음 등에 ㉠ <u>기반</u>을 둔 전통적인 인간관계가 입회, 등록, 요금 등에 기반을 둔 계약 관계로 바뀐다. 사람들과 어울려 지내는 우리의 일상적 삶 속에서 이미 상당한 부분이 상업적 관계로 얽혀 있다. 타인의 시간, 타인의 배려와 애정을 돈으로 사는 경우가 점점 늘어나고 있다. 우리의 삶은 점점 상품화되고 공리와 영리의 경계선은 점점 허물어지고 있다.

리프킨은 보다 편리한 생활을 영위하기 위해서 인간의 모든 경험을 상품화하는 현상이 사실은 우리 삶의 기저를 허물고 있다고 주장한다. 역사적으로 문화는 늘 상업에 선행했다. 상업은 문화의 파생물이었다. 그런데 지금은 사정이 바뀌어 문화가 상업화를 위한 재료 공급원으로 전락했다.

㉡ <u>문화 자본주의는 인류가 수천 년 동안 발전시켜 온 문화적 다양성을 샅샅이 발굴하여 상품화하고 있는데, 역설적이게도 그 과정에서 문화적 다양성은 소멸되어 가고 있다</u>. 인간 가치의 마지막 보루라 할 수 있는 문화 영역마저 상업 영역에 완전히 흡수당하게 되면 사회적 신뢰는 땅에 떨어지고 건강한 시민 사회의 기반은 완전히 허물어지게 된다. 결국 인간의 문명은 위기에 처하게 된다. 리프킨은 지리적 공간에 뿌리를 둔 문화적 다양성을 지켜나가는 것만이 인간의 문명을 유지할 수 있는 유일한 길이라고 말하고 있다. 수천 년을 이어온 인간 체험의 풍부한 문화적 다양성을 상실하는 것은, 생물 다양성을 잃는 것 못지않게 앞으로 우리가 생존하고 문명을 발전시켜 나가는 데 악영향을 미칠 것이다. 그러므로 문화와 산업의 적절한 균형을 복원시키고 문화를 우리의 삶의 일부로 받아들이는 자세는 다가오는 시대에 우리가 해결해야 할 가장 중요한 과업이다.

29 윗글의 내용으로 적절하지 않은 것은?

① 문화 영역이 상업 영역에 완전히 흡수되면 인류 문명은 위기에 처하게 된다.
② 접속은 인터넷은 물론 다양한 실물 영역에도 포괄적으로 적용되는 개념이다.
③ 정보 통신 기술의 발달에 힘입어 문화 산업이라고 하는 새로운 분야가 생겨났다.
④ 접속의 시대에는 인간의 모든 경험이 매매될 수 있어 인간의 삶이 점점 상품화된다.
⑤ 문화적 다양성이 사라지는 것은 좋지 않은 방향이다.

30 윗글의 구조를 정리한 것으로 가장 적절한 것은?

① 현상 소개 → 현상 진단 → 대응 방안 제시
② 과거의 사실 회고 → 현재의 상황 분석 → 미래의 전망
③ 구체적 사례 제시 → 사례의 일반화 → 향후 전망 고찰
④ 기존 견해 소개 → 기존 견해 비판 → 새로운 견해 제시
⑤ 내용 정의 → 상황에 대한 비판 → 해결책 제시

31 다음 중 ㉠과 같거나 유사한 의미를 가진 단어는?

① 추구
② 확보
③ 초석
④ 기여
⑤ 동반

32 다음 중 ㉡의 예로 가장 적절한 것은?

① 우리나라에서 올림픽과 월드컵을 개최한 이후부터 일본식 김치가 주를 이뤘던 세계 김치 시장을 우리 김치가 석권하게 되었다.
② 예전에는 식혜를 각 가정에서 담가 먹었는데, 공장에서 만들어 팔기 시작하면서 식혜를 담가 먹는 집이 눈에 띄게 줄어들고 있다.
③ 이탈리아에서는 미국계 대형 커피 체인점의 거센 공세에도 불구하고 고유의 맛을 그대로 유지하는 소규모 독립 커피점이 성업 중이다.
④ 파블로 피카소와 조루즈 브라크는 아프리카의 토속적인 조각과 이집트 미술에서 영감을 얻어 작품을 제작하여 세계적인 이목을 끌었다.
⑤ 우리나라 지방의 음식들이 TV 프로그램을 통해서 대중들에게 널리 알려지고 있다.

※ L사에 근무하는 A사원은 회의 준비를 위해 4차 산업혁명에 대한 참고자료들을 수집했다. 이어지는 질문에 답하시오. [33~36]

i) ㉠ 4차 산업혁명이란 무엇일까? 전문가들은 주로 3D 프린터, 인공지능, 빅데이터, 사물인터넷 등을 예로 들어 4차 산업혁명의 개념과 향후 전망 등을 설명한다. (가)
전문가들의 의견을 정리하면 4차 산업혁명이란 결국 제조업과 IT기술 등이 융합해 기존에 없던 산업을 탄생시키는 변화라고 말할 수 있다. (나)
우선 4차 산업혁명을 기존의 1 ~ 3차 산업혁명과 비교하여 알아둘 필요가 있다. 1차 산업혁명은 18세기 증기기관의 발달에서 시작됐다. 기계화로 인간의 수공업을 대신한 것이다. 2차 산업혁명은 전기의 혁명이라고 할 수 있다. 19세기 전기의 보급과 대량생산으로 이어진 2차 산업혁명은 오늘날 대량생산 체제의 시발점이 되었다. 3차 산업혁명은 20세기 인터넷·모바일 등 IT기술의 발달로 인한 일련의 산업 변화를 말하는데, 빅데이터를 활용한 개인화 서비스나 로봇 기술의 발달 등을 들 수 있다. (다)
지금까지 산업혁명들은 주로 제조업과 서비스업에서의 혁신으로 경제 시스템을 변화시켜 왔다. 그러나 4차 산업혁명은 제조와 서비스의 혁신뿐만 아니라 경제, 사회, 문화, 고용, 노동 시스템 등 인류 삶의 전반에 걸친 변혁을 초래할 것이다. 몇 해 전에 열린 다보스포럼에서도 4차 산업혁명이 속도와 범위, 영향력 측면에서 기존의 산업혁명과 크게 차별화될 것으로 전망했다. (라)
우선 '속도' 측면에서는 인류가 전혀 경험해보지 못한 속도로 빠르게 변화할 것이다. '범위' 측면에서는 제조 및 서비스업은 물론 전 산업 분야에 걸쳐 와해적 기술에 의해 대대적인 재편이 이뤄질 것으로 예상된다. '영향력' 측면에서는 생산, 관리, 노동, 지배구조 등을 포함한 전체 경제·사회 체제에 변화를 가져올 것으로 전망된다. (마)

ii) 4차 산업혁명은 인공지능(AI) 등의 정보통신기술(ICT)이 기존의 산업에 융합되어 일어나는 혁신을 가리킨다. 따라서 산업의 기술적 변화를 가리키는 '4차 산업혁명'은 산업 분류에서의 '4차 산업'과 다른 개념을 의미한다. 4차 산업혁명은 생산능력과 효율성에 큰 향상을 불러올 것으로 예상된다. 4차 산업혁명의 키워드라 불리는 인공지능, 빅데이터, 3D프린팅, 드론, VR, 사물인터넷 등 기술의 융·복합은 단순한 노동구조의 변화를 넘어 기획과 창조의 영역까지 인간을 대체할 것으로 보이며, 생산이라는 패러다임의 변화를 가져올 것으로 예상된다. 특히 제조업에서는 '아이디어를 구체화하는 인공지능 시스템', '즉각적인 고객 맞춤형 생산', '자원효율성과 제품 수명주기를 ㉡ 관장하는 가상생산 시스템' 등이 현실화될 것으로 보인다. 이를 제조업의 디지털화·서비스화·스마트화라 한다.
이러한 4차 산업혁명의 변화는 우리의 삶을 더욱 풍족하게 하겠지만, 한편으로는 사람들의 일자리가 줄어 대량실업 사태가 발생할 수 있다는 우려도 꾸준히 제기된다.

33 윗글의 밑줄 친 ㉠에 대한 답변으로 가장 적절한 것은?

① 증기기관의 발달
② 전기의 보급과 대량생산 체제
③ 인간의 수공업을 대신하는 기계화
④ 융합을 통한 산업의 변화
⑤ IT기술의 발달

34 윗글의 (가) ~ (마) 중 다음 문장이 들어갈 위치로 가장 적절한 곳은?

> 경제학자 클라우스 슈밥이 4차 산업혁명을 '전 세계의 사회, 산업, 문화적 르네상스를 불러올 과학기술의 대전환기'로 표현한 것도 바로 이 같은 이유 때문이다.

① (가)
② (나)
③ (다)
④ (라)
⑤ (마)

35 윗글의 ii) 다음에 이어질 내용으로 가장 적절한 것은?

① 4차 산업혁명의 긍정적 영향
② 4차 산업혁명의 부정적 영향
③ 4차 산업혁명의 정의 및 유형
④ 4차 산업혁명과 4차 산업의 차이점
⑤ 4차 산업혁명에 따른 신산업 트렌드

36 윗글의 밑줄 친 ㉡과 의미가 유사한 것은?

① 처리하다
② 방관하다
③ 장관하다
④ 권장하다
⑤ 장권하다

※ 다음은 L회사에서 제공하는 임직원 복지 혜택에 대한 설명이다. 이어지는 질문에 답하시오. **[37~40]**

〈임직원 복지 혜택 세부사항〉

구분	내용	대상	금액
명절 상여금	설날・추석 명절상여금으로 매년 1월과 9월에 월 급여의 일정비율만큼 월 급여에 합하여 지급함	해당 월 입사 2년 차 이상에 해당하는 자	월 급여의 10%
경조사비	부모, 배우자, 자녀의 경조사의 경우 직급에 따라 일정 금액을 경조사일이 속한 달의 다음 달 급여에 월 급여와 합하여 지급함(결혼, 돌, 장례식 등)	제한없음	- 사원, 주임, 대리 : 부모・배우자 (200,000원), 자녀(100,000원) - 과장 이상 : 300,000원
여름・겨울 휴가비	여름・겨울 휴가비로 매년 7월과 12월에 직급에 따라 일정금액을 월 급여와 합하여 지급함	해당 월 입사 1년 차 이상에 해당하는 자	〈여름〉 - 사원, 주임 : 250,000원 - 대리 : 350,000원 - 과장 이상 : 500,000원 〈겨울〉 - 사원, 주임 : 150,000원 - 대리 : 250,000원 - 과장 이상 : 500,000원
문화 생활비	임직원 문화생활 활성화를 위해 입사일 다음 해부터 매년 입사일이 속한 달의 월 급여에 합하여 지급함	해당 월 입사 1년 차 이상에 해당하는 자	100,000원
자기 계발비	임직원 자기계발을 위해 직급에 따라 일정금액을 매년 3월 급여에 합하여 지급함	제한없음	- 사원, 주임 : 300,000원 - 대리 이상 : 200,000원
출산 축하금 (경조사비와는 별개)	재직기간 중 출산했을 경우 휴가 1년(남성은 3개월)과는 별개로 추가 휴가 6개월(남성은 2개월) 또는 출산 축하금 중 택1하여 지원함 (출산 축하금의 경우 출산일이 속한 달 월 급여에 합하여 지급함)	제한없음	- 여성 : 5,000,000원 - 남성 : 2,000,000원 부부 모두 회사 재직 시, 부부합산 7,000,000원을 여성 월 급여 통장에 입금
자녀 학자금	대학생 자녀가 있을 경우 매년 4월과 10월에 월 급여에 합하여 지원함	직급 과장 이상	등록금에서 장학금을 제외한 금액의 70%를 지원함

37 **다음 중 임직원 복지 혜택 세부사항을 바르게 이해하지 못한 직원은?**

① A사원 : 명절 상여금으로 매년 1월과 9월에 월 급여의 일정비율만큼 월 급여에 합하여 지급하는군.

② B대리 : 이번 달에 아들이 돌이야. 이직한 지 일 년밖에 안 돼서 걱정했는데 혜택을 받을 수 있겠군.

③ C주임 : 작년에도 휴가비를 주더니 이번에도 주는구나. 이번 12월 휴가비가 250,000원이군. 스키장 갈 때 보태면 좋겠어.

④ D사원 : 요즘 건강이 안 좋아지는 거 같아서 운동을 해야겠어. 3월에 자기 계발비가 나오면 헬스장을 등록해야겠네.

⑤ E과장 : 애들 등록금이 부담됐는데 회사에서 부담해주니 좋구나. 4월, 10월 월급이 기대되는군.

38 다음은 임직원 복지 혜택을 보고 A사원과 D사원이 나눈 대화이다. 빈칸에 들어갈 한자성어로 적절한 것은?

> A사원 : 이번에 복지혜택 봤어?
> D사원 : 응 받을 수 있는 게 꽤 많던데? 난 만족이야.
> A사원 : 난 부당하다고 생각하는데? 왜 똑같은 직원인데 연차랑 직급에 따라 나누는지 모르겠어. 우리도 일 열심히 하잖아.
> D사원 : ________이라고 했어. 우리도 차근차근 승진해서 혜택을 온전히 누리자.

① 장삼이사
② 하석상대
③ 등고자비
④ 주야장천
⑤ 내유외강

39 2024년 1월 2일에 L직원이 회계팀에 문의한 내용이다. L직원이 상반기에 받게 될 혜택까지 포함된 총급여는?(단, 상반기는 1～6월이며, 출산 예정일은 변동이 없다)

> 〈문의 내용〉
>
> 안녕하세요? 작년 3월 2일에 입사한 영업팀 주임 ○○○입니다. 올 상반기 제가 받을 급여가 총 얼마인지 알고 싶어 문의하게 되었습니다. 현재 월 급여는 320만 원이고요, 5월부터는 대리로 진급함과 동시에 월 급여도 350만 원으로 인상될 것이라고 전달받았습니다. 작년 12월에 저희 아버님이 돌아가셨고, 올해 6월에 타회사에 근무 중인 아내가 첫 아이를 출산할 예정입니다. 그리고 출산 축하금을 받을 거예요.

① 1,940만 원
② 2,120만 원
③ 2,240만 원
④ 2,460만 원
⑤ 2,620만 원

40 임직원 복지 혜택 세부사항의 일부 내용이 다음과 같이 변경되었다면 39번의 L직원이 상반기에 받게 될 복지 혜택까지 포함된 총급여는?

〈변경 후 내용〉

- 명절 상여금 : 입사 1년 차 이상, 월급여의 5%
- 경조사비 : 직급·사유 관계없이 200,000원
- 여름·겨울 휴가비 : 입사 2년 차 이하 100,000원, 입사 3년 차 이상은 기존 내용과 동일
- 문화 생활비 : 항목 삭제
- 자기 계발비 : 사원 직급에게만 매년 3월 500,000원 한도 내에서 업무 관련 자기 계발비 증명자료 제출 시 지급
- 출산 축하금 : 여성·남성 관계없이 3,000,000원 지급 및 부부 모두 재직 시에도 각각 지급
- 자녀 학자금 : 매년 3월 2,000,000원 지급

① 1,985만 원
② 2,104만 원
③ 2,255만 원
④ 2,316만 원
⑤ 2,562만 원

2일 차
기출응용 모의고사

〈시험 개요 및 시간〉

롯데그룹 L-TAB 온라인 직무적합진단	
개요	시간
• 실제 업무 상황처럼 구현된 Outlook 메일함 / 자료실 환경에서 이메일 및 메신저 등으로 전달된 다수의 과제 수행 • 문항에 따라 객관식, 주관식, 자료 첨부 등 다양한 형태의 답변이 가능 • 문항 수 구분은 없으나 대략적으로 30 ~ 40문제 수준의 문항 수가 주어짐	3시간 (사전준비 1시간 포함)

롯데그룹 L-TAB 온라인 직무적합진단

2일 차 기출응용 모의고사

문항 수 : 40문항
시험시간 : 120분

※ L사의 에너지신사업부에서 근무하는 A대리는 사보에 실릴 4차 산업혁명에 대한 원고를 청탁받았다. 이어지는 질문에 답하시오. [1~3]

4차 산업혁명 열풍은 제조업을 넘어 농축산업, 식품, 유통, 의료 서비스 등 업종에 관계없이 모든 곳으로 퍼져나가고 있다. 에너지 분야도 4차 산업혁명을 통해 기술의 진보와 새로운 비즈니스 영역을 개척할 수 있을 것으로 기대하고 있다.
사실 에너지는 모든 밸류체인에서 4차 산업혁명에 가장 근접해 있다. 자원개발에선 초음파 등을 이용한 탐지기술과 지리정보 빅데이터를 이용한 분석, 설비 건설에서는 다양한 설계 및 시뮬레이션 툴이 동원된다. 자원 채광 설비와 발전소, 석유화학 플랜트에 들어가는 수만 개의 장비들은 센서를 부착하고 산업용 네트워크를 통해 중앙제어실과 실시간으로 소통한다.
원자력 발전소를 사례로 들어보면 원자력 발전소에는 수백 km에 달하는 배관과 수만 개의 밸브, 계량기, 펌프, 전기기기들이 있다. 그리고 그 어느 시설보다 안전이 중요한 만큼 기기 및 인명 안전 관련 센서들도 셀 수 없다. 이를 사람이 모두 관리하고 제어하는 것은 사실상 불가능하다. 원전 종사자들이 매일 현장 순찰을 돌고 이상이 있을 시 정지 등 조치를 취하지만, 대다수의 경우 설비에 이상신호가 발생하면 기기들은 스스로 판단해 작동을 멈춘다.
원전 사례에서 볼 수 있듯이 에너지 설비 운영 부문은 이미 다양한 4차 산업혁명 기술이 사용되고 있다. 그런데도 에너지 4차 산업혁명이 계속 언급되고 있는 것은 그 분야를 설비관리를 넘어 새로운 서비스 창출로까지 확대하기 위함이다.
나주 에너지밸리에서는 드론을 활용해 전신주 전선을 점검하는 모습이 시연됐다. 이 드론은 정부 사업인 '시장 창출형 로봇보급사업'으로 만들어진 것으로 드론과 광학기술을 접목해 산이나 하천 등 사람이 접근하기 힘든 곳의 전선 상태를 확인하기 위해 만들어졌다. 드론은 GPS 경로를 따라 전선 위를 자율비행하면서 고장 부위를 찾는다.
전선 점검 이외에도 드론은 에너지 분야에서 매우 광범위하게 사용되는 아이템이다. 발전소의 굴뚝과 같은 고소설비와 위험지역, 사각지대 등 사람이 쉽게 접근할 수 없는 곳을 직접 확인하고, 고성능·열화상 카메라를 달아 고장 및 화재 위험을 미리 파악하는 등 다양한 활용사례가 개발되고 있다.
가상현실은 엔지니어 교육 분야에서 각광받는 기술이다. 에너지 분야는 중장비와 전기설비 및 화학약품 등을 가까이 하다 보니 항상 사상사고의 위험을 안고 있다. 때문에 현장 작업자 교육에선 첫째도 둘째도 안전을 강조한다. 최근에는 현장 작업 시뮬레이션을 3D 가상현실 기술로 수행하려는 시도가 진행되고 있다. 발전소, 변전소 등 현장의 모습을 그대로 3D 모델링한 가상현실 체험으로 복잡한 도면을 해석하거나 숙지할 필요가 없어 훨씬 직관적으로 업무를 할 수 있다. 작업자들은 작업에 앞서, 실제 현장에서 수행해야 할 일들을 미리 점검해 볼 수 있다.
에너지 4차 산업혁명은 큰 변화를 몰고 올 것으로 예상하고 있지만, 그 시작은 매우 사소한 일상생활의 아이디어에서 나올 수 있다. 지금 우리가 전기와 가스를 쓰면서 느끼는 불편함을 개선하려는 시도가 곧 4차 산업혁명의 시작이다.

01 **윗글의 수정 및 보완 내용으로 적절하지 않은 것은?**

① 4차 산업혁명이 어떤 것인지 간단한 정의를 앞부분에 추가해주세요.
② 서비스 등 에너지와 엔지니어 분야를 제외한 업종에 관한 사례만 언급하고 있으니 관련된 사례를 주제에 맞게 추가해주세요.
③ 소제목을 이용해 문단을 구분해줘도 좋을 것 같아요.
④ 4차 산업혁명에 대한 긍정적인 입장만 있으니 반대로 이로 인해 야기되는 문제점도 언급해주는 게 어떨까요?
⑤ 에너지 4차 산업혁명이 어떤 변화를 가져올지 좀 더 구체적인 설명을 덧붙여주세요.

02 **윗글은 사보 1면에 실리고 홍보 블로그에도 게재되었다. 이를 읽은 독자의 반응으로 적절하지 않은 것은?**

① 지금은 에너지 설비 운영 부문에 4차 산업혁명 기술이 도입되는 첫 단계군요.
② 드론을 이용해 사람이 접근하기 힘든 곳을 점검하는 등 많은 활용을 할 수 있겠어요.
③ 엔지니어 교육 분야에 4차 산업혁명을 적용하면 안전사고를 줄일 수 있겠어요.
④ 4차 산업혁명이 현장에 적용되면 직관적으로 업무 진행이 가능하겠어요.
⑤ 4차 산업혁명의 시작은 일상의 불편함을 해결하기 위한 시도군요.

03 **A대리는 자사 설비 보강을 위해 협력 업체의 드론을 구매하고자 정보를 알아보았다. 다음 명제가 모두 참일 때, 항상 참인 것은?**

- 협력업체의 K드론의 A/S 기간은 P드론의 A/S 기간보다 길다.
- D드론의 A/S 기간은 K드론의 A/S 기간보다 길다.
- C드론의 A/S 기간은 3년으로 P드론의 A/S 기간보다 짧다.

① P드론의 A/S 기간은 3년 이하이다.
② P드론의 A/S 기간이 가장 짧다.
③ C드론의 A/S 기간이 가장 짧다.
④ K드론의 A/S 기간이 가장 길다.
⑤ P드론의 A/S 기간은 D드론의 A/S 기간보다 길다.

※ 다음은 L사 기획부의 E팀장과 인사부의 K과장이 나눈 메일 및 첨부 파일의 내용이다. 이어지는 질문에 답하시오. **[4~6]**

발신인	기획부 E팀장	발신일	2024.04.23.(화) 14:15:54
수신인	인사부 K과장		
제목	프로젝트부서 인사에 대한 자료 요청		

안녕하세요. K과장님. 기획부 팀장 E입니다.
이번에 새로 진행되는 프로젝트부서에 배치 가능한 사원들의 역량을 확인할 수 있는 자료를 요청합니다. 아무래도 외국 투자를 주목적으로 하는 부서인지라 외국어 능력 자료가 필수적이고, 다양한 자료를 활용하여 발표할 일이 많으므로 각종 서식을 잘 다루는지 확인할 수 있는 자료가 있으면 좋겠습니다.

발신인	인사부 K과장	발신일	2024.04.23.(화) 16:55:12
수신인	기획부 E팀장		
제목	RE : 프로젝트부서 인사에 대한 자료 요청		

E팀장님, 안녕하세요.
프로젝트부서에 배치 가능한 사원 5명의 역량을 다음과 같이 첨부하여 보냅니다. 사내에서 시행한 외국어능력 점수와 컴퓨터활용능력 점수, 근무태도, 자격증으로 구성되어 있으며, 이밖에 다른 필요한 자료가 있으시다면 언제든 연락해주십시오. 감사합니다.

〈사원별 인사자료〉

사원명	외국어능력 점수	컴퓨터활용능력 점수	근무태도	자격증
갑	75점	85점	A등급	–
을	80점	80점	B등급	정보처리기사
병	95점	70점	C등급	–
정	80점	90점	D등급	ITQ 한글
무	90점	75점	B등급	정보처리산업기사

〈근무태도 등급별 점수〉

A등급	B등급	C등급	D등급	E등급
100점	90점	80점	70점	60점

04 **외국어능력과 컴퓨터활용능력, 근무태도 점수의 평균이 높은 순으로 사원 2명을 선정한다고 할 때, 선정된 사원은?**

① 갑, 을
② 갑, 무
③ 을, 병
④ 을, 무
⑤ 병, 정

05 E팀장은 기존 평가방법에 외국어능력 점수에는 가산점 10%를 주고, 자격증이 있는 경우 5점을 가산하여 합산한 값이 가장 높은 사원을 선정하려 한다. 선정된 사원은?

① 갑
② 을
③ 병
④ 정
⑤ 무

06 인사 자료를 확인한 E팀장은 직원들에게 컴퓨터를 잘 다루기 위한 자격증 학습이 필요하다는 판단 아래 사내 교육 프로그램을 물색할 것을 귀하에게 지시하였고, 귀하는 다음과 같은 프로그램들을 찾아내었다. 작업 속도, 취득 시간, 문제해결능력, 전문성 순으로 우선순위를 정한다고 할 때, 우선순위가 높은 순으로 나열한 것은?

〈사내 자격증 프로그램〉

자격증	전문성	문제해결능력	취득 시간	작업 속도
MOS	하	하	상	중
컴퓨터활용능력	중	중	중	상
정보처리기사	중	상	중	상
ITQ	하	하	상	상
PC정비사	상	상	중	하

① MOS – 컴퓨터활용능력 – 정보처리기사 – ITQ – PC정비사
② ITQ – 정보처리기사 – 컴퓨터활용능력 – MOS – PC정비사
③ ITQ – 정보처리기사 – 컴퓨터활용능력 – PC정비사 – MOS
④ 정보처리기사 – 컴퓨터활용능력 – PC정비사 – MOS – ITQ
⑤ 정보처리기사 – 컴퓨터활용능력 – ITQ – MOS – PC정비사

※ L사에서는 스캐너 15개를 교체하려고 한다. 이어지는 질문에 답하시오. **[7~8]**

〈스캐너 정보〉

구분	Q스캐너	T스캐너	G스캐너
제조사	미국 B회사	한국 C회사	독일 D회사
가격	180,000원	220,000원	280,000원
스캔 속도	40장/분	60장/분	80장/분
주요 특징	• 양면 스캔 가능 • 50매 연속 스캔 • 소비전력 절약 모드 지원 • 카드 스캔 가능 • 백지 Skip 기능 • 기울기 자동 보정 • A/S 1년 보장	• 양면 스캔 가능 • 타 제품보다 전력소모 60% 절감 • 다양한 소프트웨어 지원 • PDF 문서 활용 가능 • 기울기 자동 보정 • A/S 1년 보장	• 양면 스캔 가능 • 빠른 스캔 속도 • 다양한 크기 스캔 • 100매 연속 스캔 • 이중급지 방지 장치 • 백지 Skip 기능 • 기울기 자동 보정 • A/S 3년 보장

07 스캐너 구매를 담당하고 있는 귀하는 사내 설문조사를 통해 부서별로 필요한 스캐너 기능 및 예산을 확인하였다. 다음의 설문조사 결과 및 예산을 참고할 때, 구매할 스캐너의 순위는?

〈설문조사 결과 및 예산〉

• 양면 스캔 가능 여부
• 카드 크기부터 계약서 크기 스캔 지원
• 50매 이상 연속 스캔 가능 여부
• A/S 1년 이상 보장
• 기울기 자동 보정 여부
• 예산 4,200,000원까지 가능

① T스캐너 – Q스캐너 – G스캐너
② G스캐너 – Q스캐너 – T스캐너
③ G스캐너 – T스캐너 – Q스캐너
④ Q스캐너 – G스캐너 – T스캐너
⑤ Q스캐너 – T스캐너 – G스캐너

08 07번 문제에서 순위가 가장 높은 스캐너를 구입했다. 80장, 240장, 480장을 스캔하는 데 걸리는 시간은?

	80장	240장	480장
①	60초	180초	360초
②	80초	240초	480초
③	100초	220초	410초
④	120초	360초	720초
⑤	140초	200초	300초

※ 다음은 해외출장에 필요한 해외여행자 휴대품 예상 조회 기준 조건을 공유한 정보이다. 이어지는 질문에 답하시오. **[9~12]**

〈해외여행자 휴대품 예상 조회 기준 조건〉

○ 1인당 휴대품 면세 범위(과세대상 : 국내면세점 및 해외 구입 물품)
- 주류 1병(1L, 400달러 이하)
- 향수 60mL
- 담배 200개피(1보루)
- 기타 합계 600달러 이하의 물품

※ 단, 농림축산물, 한약재 등은 10만 원 이하로 한정하며, 품목별로 수량 또는 중량에 제한이 있음

○ 면세범위 초과물품 예상세액 조회
- 예상세액은 구입물품 총가격에서 1인 기본면세범위 미화 600달러를 선공제하고 각각의 관세율을 적용해 계산한 금액의 합산액을 기준으로 합니다.
- 자진신고 시 관세의 30%(15만 원 한도)가 감면되는 혜택을 받을 수 있으며, 신고 미이행 시에는 납부세액의 40% 또는 60%(반복적 신고 미이행자)의 가산세가 부과됩니다.

○ 단일세율 : 의류 등 [물품설명]에서 단일세율 적용대상이라고 명시된 물품들은 합계 미화 1,000달러까지 아래의 예시처럼 본래의 세율보다 낮은 단일세율(20%)을 적용받을 수 있습니다.

예 모피제품(30%) 800달러 1개, 의류(25%) 150달러 1개, 신발(25%) 70달러 1개인 경우 : 모피제품 단일세율 1개 20% 적용, 의류 단일세율 20% 적용, 신발은 본래의 세율 25% 적용(단일세율이 950달러밖에 적용되지 않았지만 신발의 단가가 50달러를 초과하여 합계 미화 1,000달러를 초과하게 되면 신발은 단일세율을 적용받지 못한다)

○ 제한물품안내
물품에 따라서는 면세범위에 포함되지 않거나 타법령에 의하여 반입이 제한될 수 있습니다. 농축산물, 멸종위기에 처한 동식물관련 제품, 한약재, 성분미상 의약품, 과일류 등은 제한 사항이 많으므로 자세한 내용은 관세청에 문의하시기 바랍니다.

09 A사원은 해외출장을 다녀오면서 많은 물품을 구매하였다. 다음은 A사원이 구매한 물품 내역서이다. 이 중 면세 물품에 포함되는 것은?

	물품 종류	구매가격	용량 및 크기	구매 장소
①	향수	$50	100mL	인천 면세점
②	가방	$1,400	500g	이탈리아 시내
③	양주 1병	$200	1,000mL	이탈리아 면세점
④	신발	$70	80g	인천 면세점
⑤	화장품	$10	20g	프랑스

10 B사원은 한국으로 돌아오는 비행기에서 해외에서 산 물품을 자진신고를 할지 말지 고민 중이다. 만약 성실신고를 하지 않으면, B사원은 신고 미이행특별부과세 40%가 추가로 가산됨을 알고 있다. B사원의 신고 여부 및 납부해야 할 금액이 바르게 짝지어진 것은?(단, B사원은 반복적 신고 미이행자가 아니다)

〈구매한 품목 내역〉

물품명	수량(개)	금액(유로)
향수 100mL	1	80
가방	1	1,400
지갑	1	350
팔찌	1	100
벨트	1	150

※ 계산의 편의성을 위해 환율은 '1,300원/유로, 1,100원/달러'로 계산함. 또한 팔찌는 25%의 관세율이며 단일세율적용 품목대상임. 이 밖의 물품은 모두 20%라고 가정함

※ B사원은 이전 과거 기록을 통해 자신이 걸릴 확률을 80%, 걸리지 않을 확률을 20%라고 확신하고 있음

※ B사원은 성실신고를 하지 않을 경우 발생한 기댓값 계산을 통해 20만 원을 초과하면 자진신고를 할 생각임

	신고 여부	관세 금액
①	자진신고를 안 한다.	408,800원
②	자진신고를 안 한다.	0원
③	자진신고를 한다.	408,800원
④	자진신고를 한다.	286,160원
⑤	자진신고를 한다.	122,640원

11 K부장은 이번에 면세점에서 100달러 시계 1개, 350달러 포도주(400mL) 1병, 40달러 백팩 1개, 개당 200달러인 골프채 2개, 70달러 향수(100mL) 1개, 125달러 코트, 130달러 담배 1보루를 샀다. 다음 구입 품목별 세율 세부사항을 참고할 때, K부장이 자진 납세할 경우 지불해야 할 관세는?(단, 환율은 1,100원/달러로 계산한다)

〈구입 품목별 세율 세부사항〉

품목	적용세율
시계	개별소비세 적용대상 물품이다. 총세율은 1,852,000원까지 20%이고, 초과되는 금액부분은 50%이다.
향수	이 항목에는 방향성 화장품은 모두 해당된다. 총세율은 간이세율 20%이다. 일반적으로 향수(Perfume)와 오데 퍼퓸(Eau de perfume), 오데 토일렛(Eau de toilette), 오데 코롱(Eau de cologne) 등 향수, 코롱, 분말향, 향낭 등이 모두 포함된다.
담배	이 항목에는 일반적으로 통용되는 필터담배가 포함된다. 1보루는 10갑이다. 총세액은 1보루당 관세(구입금액의 40%)+개별소비세(1갑당 594원) 5,940원+부가세[(구입금액+관세+개별소비세)×10%]+지방세 14,490원(담배소비세 : 1갑당 1,007원+지방교육세 : 담배소비세의 43.99%)이다.
백팩	이 항목에는 가방 또는 지갑이 해당된다. 개별소비세 적용대상 물품이다. 총세율은 1,852,000원까지 20%이고 초과되는 금액부분은 50%이다.
골프채	이 항목에는 거의 대부분의 운동기구, 운동용품, 레저용품 등이 해당된다. 총세율은 간이세율 20%이다. 단, 스포츠 의류, 신발 등은 제외된다.
주류	이 항목에는 포도주를 비롯하여 대부분의 발효 과실주가 포함된다. 총세율은 약 68% 정도이다.

① 20,530원
② 20,790원
③ 23,580원
④ 29,700원
⑤ 34,200원

12 C사원은 해외출장팀을 마중 나가기 위해 공항에 간다. 회사에서 공항까지 갈 때는 80km/h의 속력으로, 회사로 돌아갈 때는 120km/h의 속력으로 왔다. 왕복 1시간이 걸렸을 때, 공항에서 회사까지의 거리는?

① 44km
② 46km
③ 48km
④ 50km
⑤ 52km

※ L사의 직원 복지정책 및 대출제도에 대한 설명이다. 이어지는 질문에 답하시오. **[13~16]**

〈직원 복지정책 및 대출제도〉

<table>
<tr><th>구분</th><th>내용</th><th>혜택</th><th>세부사항</th></tr>
<tr><td rowspan="9">복지</td><td rowspan="4">경조사</td><td>• 생일 : 10만 원</td><td></td></tr>
<tr><td>• 결혼 : 50만 원</td><td>• 입사 1년 차 이상, 본인과 배우자 모두 L사 직원일 경우 1.5배씩 지원</td></tr>
<tr><td>• 출산(등본상 기준)
– 첫째 100만 원
– 둘째 150만 원
– 셋째 이상 200만 원</td><td>• 입사 2년 차 이상, 본인과 배우자 중 한 사람 이상 결혼 축하금을 받았을 경우 20만 원씩 추가 지원
• 다태아일 경우, 등본상 순서로 지원</td></tr>
<tr><td>• 부모님 경조사 : 20만 원</td><td></td></tr>
<tr><td rowspan="5">학자금</td><td>• 본인 대학교 학자금</td><td>• 입사 1년 차 이상, 잔여 대출원금의 50%지원</td></tr>
<tr><td>• 본인 대학원 학자금</td><td>• 입사 2년 차 이상, 잔여 대출원금의 80% 지원</td></tr>
<tr><td>• 초·중학생 자녀 학자금</td><td>• 입사 2년 차 이상, 자녀 1인당 연 50만 원 지원</td></tr>
<tr><td>• 고등학생 자녀 학자금</td><td>• 입사 3년 차 이상, 자녀 1인당 연 100만 원 지원(3년 차 미만일 경우 50만 원)</td></tr>
<tr><td>• 대학생 자녀 학자금</td><td>• 입사 4년 차 이상, 자녀 1인당 연 200만 원 지원(4년 차 미만일 경우 100만 원)</td></tr>
<tr><td>대출</td><td>주택</td><td>• 저금리 주택 지원 대출</td><td>• 입사 1년 차 이상, 최대 2,000만 원, 연이율 2.7%
• 입사 2년 차 이상, 최대 3,000만 원, 연이율 2.3%
• 입사 3년 차 이상, 최대 5,000만 원, 연이율 2.1%
• 입사 5년 차 이상, 최대 10,000만 원, 연이율 1.8%</td></tr>
</table>

※ 별도의 사항이 명시되지 않은 경우, 입사 연차 제한이 없음

※ 현재 날짜는 2024년 9월 1일임

13 A대리가 복지부서에 문의한 내용이 다음과 같을 때, A대리가 받을 수 있는 사내 복지 혜택 총금액은?

〈문의 내용〉

안녕하세요, 영업부서에 근무 중인 A대리입니다. 올해 직원복지 지원금을 신청하고 싶은데, 얼마나 받을 수 있는지 몰라서 문의 드려요. 저는 2021년 11월에 입사해, 올해 1월 ㅁㅁ사에서 일하는 아내와 결혼을 했고, 아내는 현재 중학생인 딸아이가 한 명 있어요. 제 등본으로 들어와서 이제 제 딸아이이기도 하고요. 그리고 지난달 말 제 생일에 저희 아이가 태어났어요. 올해 들어와서는 지원금 신청을 아직 못했는데, 총 얼마를 받을 수 있을까요?

① 160만 원
② 180만 원
③ 210만 원
④ 230만 원
⑤ 280만 원

14 다음은 직원 B와 복지부서 담당자가 대화한 내용이다. 직원 B가 지원받을 수 있는 총금액은?

> 직원 B : 안녕하세요. 사내 학자금 지원금과 주택 지원 대출을 받고 싶어서요.
> 담당자 : 안녕하세요. 입사 연차에 따라 지원받을 수 있는 내용이 달라서요. 혹시 입사일이 언제인가요?
> 직원 B : 작년 3월 초에 입사했어요.
> 담당자 : 아 그러시면, 입사하신 지 2년이 좀 안되신 거군요. 일단, 1년 차 이상이므로 학자금 지원금은 경우에 따라서 신청이 가능할 것 같고요, 주택 지원 대출은 한도 내에서 연이율 2.7%로 가능해요.
> 직원 B : 대학교 학자금은 다 상환했는데, 대학원 학자금이 1,500만 원 남아있어요. 농어촌 학자금이라 무이자이고요. 주택은 지금 전세를 알아봤는데 5,000만 원이라 절반만 대출받으면 될 것 같아요.

① 1,500만 원
② 2,000만 원
③ 2,500만 원
④ 4,000만 원
⑤ 5,000만 원

15 14번 문제의 직원 B가 재작년 3월 초에 입사했다면, 직원 B가 지원받을 수 있는 총금액은?(단, 직원 B의 상황 및 조건은 14번 문제와 동일하다)

① 3,700만 원
② 4,000만 원
③ 4,200만 원
④ 4,500만 원
⑤ 6,200만 원

16 다음 대화의 빈칸에 들어갈 한자성어로 적절한 것은?

> 직원 A : 이번에 우리 부장님 저금리 주택 지원으로 대출했다는 얘기 들었어? 근데 그게 다른 목적으로 빌렸다는 얘기가 있던데?
> 직원 B : 야, 누가 듣겠다. 작게 얘기해.
> 직원 A : 아무도 없어. 우리는 ______________하는 사이잖아. 이런 얘기 공유해야지.

① 금의환향
② 입신양명
③ 간담상조
④ 부귀공명
⑤ 마부위침

※ L사는 물품을 효과적으로 관리하기 위해 매년 회사 내 물품 목록을 작성하고, 물품별로 코드를 생성하여 관리하고 있다. 이어지는 질문에 답하시오. **[17~20]**

〈2024년도 사내 보유 물품 현황〉

물품	책임 부서 및 책임자	구매연도	구매가격	유효기간	처분 시 감가 비율	중고 여부
A	고객팀 이대리	2022년	55만 원	11년	40%	×
B	총무팀 김사원	2020년	30만 원	7년	20%	×
C	영업팀 최사원	2019년	35만 원	10년	50%	×
D	생산팀 강부장	2017년	80만 원	12년	25%	○
E	인사팀 이과장	2021년	16만 원	8년	25%	○

※ 물품의 유효기간은 목록을 작성한 연도를 기준으로 함

※ 처분 시 감가 비율은 물품 구매가격을 기준으로 함

〈코드 생성 방법〉

• 구분에 따른 생성 코드

구분		코드
책임 부서	총무팀	GAT
	영업팀	SLT
	생산팀	PDT
	고객팀	CTT
	인사팀	PST
책임자 직급	사원	E
	대리	A
	과장	S
	부장	H
중고 여부	새 제품	1
	중고 제품	0

• 코드 순서 : 책임 부서 – 책임자 직급 – 구매연도(2자리) – 유효기간(2자리) – 중고 여부
(예 GAT – A – 14 – 02 – 1)

17 다음 중 2024년도 사내 보유 물품인 A ~ E물품의 코드로 옳지 않은 것은?

① A물품 : CTT – A – 22 – 11 – 1
② B물품 : GAT – E – 20 – 07 – 1
③ C물품 : SLT – E – 19 – 10 – 0
④ D물품 : PDT – H – 17 – 12 – 0
⑤ E물품 : PST – S – 21 – 08 – 0

18 다음 중 A～E물품을 모두 처분한다고 할 때 받을 수 있는 총금액은?(단, 중고 제품의 경우 처분 금액의 50%만 받을 수 있으며, 만 원 미만은 버림한다)

① 88만 원
② 98만 원
③ 110만 원
④ 120만 원
⑤ 131만 원

19 제휴 업체를 통해 유효기간이 10년 이상 남은 물품을 처분할 경우 구매가격의 80%를 받을 수 있다고 한다. 다음 중 유효기간이 10년 이상 남은 물품을 모두 처분한다고 할 때, 제휴 업체로부터 받을 수 있는 총금액은?(단, 중고 여부는 고려하지 않는다)

① 108만 원
② 112만 원
③ 122만 원
④ 132만 원
⑤ 136만 원

20 김사원은 제휴업체를 통해 남은 물건을 처분할 예정이다. 김사원은 회사에서 제휴업체 쪽으로 3m/s의 속력으로 가고 제휴업체 직원은 회사 쪽으로 2m/s의 속력으로 간다. 회사와 제휴업체는 900m 떨어져 있고 제휴업체 직원이 김사원보다 3분 늦게 출발했을 때, 김사원이 회사에서 출발한 지 얼마 만에 제휴업체 직원을 만나는가?(단, 길은 1가지밖에 없다)

① 1분 12초
② 2분 12초
③ 3분 12초
④ 4분 12초
⑤ 5분 12초

※ 다음은 L사 신사업 구상 기획서에 참고자료로 첨부한 기사이다. 이어지는 질문에 답하시오. [21~24]

L사는 '차세대 전력판매 정보시스템' 개발이 성공적으로 마무리됨에 따라 본격적으로 운영될 것이라고 밝혔다. 본 사업은 약 446억 원 규모로 27개월에 걸쳐 추진된 대규모 구축사업이다. L사가 중소기업과 컨소시엄을 구성하여 지난 1월에 구축을 완료하고, 운영에 앞서 시범운영 테스트를 지난 2월에 마무리한 바 있다.
차세대 전력판매 정보시스템은 스마트 그리드 환경에서 사용자 중심의 서비스와 최신 IT기술을 접목한 전력서비스로 전면 개편된 시스템이다. 메인프레임에서 오픈환경으로 시스템을 변환하여 업무별·본부별로 분리된 시스템을 하나로 통합하고, 체계적으로 표준화된 체계적인 업무프로세스 수립과 사용자들을 위한 서비스 통합과 지리정보시스템(GIS)을 고도화하여 구축한 사업이다.
특히, 국민들의 사용 편익을 ___㉠___ 위해 고객중심 시스템 체계로 전환하여 전자서류기반 민원 응대와 모바일서비스를 확대하였으며, 개인정보보호 강화와 사용자 화면(UI)을 대폭 개선하였다.
또한 BRMS(Business Rule Management System)를 도입하여 다양한 요금제와 요금제도 변화에 신속한 대처가 가능하도록 실시간 요금제 기반을 구축하였으며, L사의 전력설비관리 솔루션인 K－GIS(웹GIS)를 기반으로 전력수요 예측, 고장예지, 실시간 정전관리 체계를 구축하여 업그레이드된 전력서비스를 제공함으로써 체계적인 설비관리와 고객관리를 획기적으로 강화토록 하였다. ___㉡___ 전력산업에 특화된 프레임워크를 구축·적용함으로써 시스템의 유연성과 확장성을 극대화하여 전력IT사업에 적용범위가 전반적으로 확산될 것으로 기대된다.
현재 차세대 전력판매 정보시스템은 실제 업무 적용을 위하여 전국 L사 사업소에 확대 사업을 추진 중이며, 사용자 불편 최소화와 시스템 조기 안정화를 위한 체계를 수립하여 사용자 교육과 모의훈련 및 전국사업소 데이터전환 등을 거쳐 시스템을 오픈할 예정이다.
L사 관계자는 차세대 전력판매 정보시스템이 본격적으로 운영되면 전력판매 분야에서 요금업무혁신과 지능화된 배전업무 수행으로 고객만족도 제고와 업무 효율성이 크게 증대될 것으로 기대하고 있으며, 전력사업 경쟁력 강화와 국민들의 새로운 가치 창출에 크게 이바지할 것으로 전망된다고 밝혔다.

21 윗글의 제목으로 가장 적절한 것은?

① L사, '차세대 전력판매 정보시스템' 개발 착수
② '차세대 전력판매 정보시스템' 설명회 개최
③ L사, 국민의 편의 증대를 위한 최신 IT기술 전수
④ '차세대 전력판매 정보시스템' 도입으로 국민들의 만족도 상승
⑤ 최신 IT기술로 '차세대 전력판매 정보시스템' 구축 완료

22 **차세대 전력판매 정보시스템에 대한 설명으로 적절하지 않은 것은?**

① 실제 업무에 적용을 위해 전국 L사 사업소에서 시범 운영하고 있다.
② 스마트 그리드 환경에서 사용자 중심의 서비스와 최신 IT기술을 접목한 전력 서비스이다.
③ 차세대 전력판매 정보시스템을 이용하여 체계적인 설비관리와 고객관리를 강화할 수 있다.
④ 아직 본격적으로 운영되고 있는 것은 아니다.
⑤ 국민들의 사용 편익을 위해 전자서류기반 민원응대와 모바일서비스를 확대하였다.

23 **다음 중 빈칸 ㉠에 들어갈 단어로 가장 적절한 것은?**

① 낮추기
② 제고하기
③ 고려하기
④ 생각하기
⑤ 보존하기

24 **다음 중 빈칸 ㉡에 들어갈 접속어로 가장 적절한 것은?**

① 때문에
② 그리고
③ 그런데도
④ 그러나
⑤ 한편

※ 다음은 항공마일리지 관리지침에 관한 글이다. 이어지는 질문에 답하시오. **[25~28]**

제1조(목적) 이 지침은 임직원이 회사의 용무로 항공을 이용하여 국내 및 국외에 출장할 때 발생하는 항공마일리지에 관한 사항에 대하여 정함을 목적으로 한다.

제2조(적용범위) 이 지침은 임직원(이하 "직원"이라 한다)이 회사의 용무로 항공을 이용하여 국내 및 국외 출장(이하 "출장"이라 한다)의 경우 발생하는 항공마일리지에 대하여 적용한다. 단, 이 지침의 시행 이전에 발생한 항공마일리지에 대해서는 그러하지 아니하다.

제3조(항공마일리지의 정의) 항공마일리지라 함은 항공사가 항공기 이용 실적에 따라 이용자에게 부여하는 점수를 말하며, 직원이 출장을 통해 적립한 항공마일리지는 공무 항공마일리지라 한다.

제4조(항공마일리지의 적립 및 신고) ① 출장자는 항공을 교통수단으로 하는 출장의 시작 전에 항공사의 항공마일리지 회원에 개인명의로 가입하여 개인별로 항공마일리지를 적립하고, 항공사에 적립한 항공마일리지에 대하여 회사에서 지정한 업무시스템에 공무 항공마일리지로 적립하여야 한다.

② 공무 항공마일리지는 출장 비용의 지급 주체와 관계없이 적립하여야 한다.

제5조(항공마일리지의 사용)

(가) 적립된 공무 항공마일리지는 보너스 항공권 확보에 우선 사용한다. 이때 확보하는 항공권 좌석 등급은 여비규정 별표 3 국외 항공임 정액표에 따른 출장자의 항공권 좌석 등급에 따른다.

(나) 적립된 공무 항공마일리지는 직원이 항공을 교통수단으로 하는 출장 시 사용하여야 하며, 사적으로 사용할 수 없다. 또한 공무 항공마일리지 사용으로 인한 운임 등의 절감된 비용은 출장비 지급 시 제외한다. 다만, 보너스 항공권 확보 또는 좌석 승급으로 절감된 비용에 따른 일비의 추가지급은 여비규정에 따른다.

(다) 제2항에도 불구하고 보너스 항공권 확보가 어려운 경우에는 좌석 승급(업그레이드)에 사용할 수 있다. 이때, 좌석 승급의 활용기준은 여비규정에 따른 출장자의 항공권 좌석 등급의 아래 등급에 해당하는 운임을 지급받고, 공무 항공마일리지를 활용하여 한 등급 위의 좌석으로 조정하는 것으로 한다.

④ 제2항 및 제3항에도 불구하고 출장자의 항공 좌석 등급이 여비규정에 따른 Economy Class의 항공 좌석 등급일 경우, 다음 각호에 한하여 공무 항공마일리지를 사용하여 Business Class의 보너스 항공권을 확보하거나, Business Class로 좌석 승급(업그레이드)할 수 있다.

1. 출장자가 우리나라 또는 우리 회사를 대표하여 국제회의 등에 참석하는 경우(단, 단순 현지조사나 세미나 참석 등은 제외)
2. 비행 소요시간이 편도 8시간 이상인 경우

⑤ 공무 항공마일리지로 보너스 항공좌석 및 좌석 승급 이외에 항공마일리지를 사용하는 항공사의 초과수하물, 리무진버스, 렌터카 등의 부가서비스를 이용할 수 있다. 단, 부가서비스 이용은 명백히 출장과 관련된 사항으로 제한하며, 이용에 대한 명령권자의 승인을 받고, 이용내역에 대한 증거서류를 제출해야 한다.

제6조(항공마일리지의 관리) ① 본사 각 처(실) 주무부서 및 사업소 출장담당부서는 직원의 개인별 공무 항공마일리지가 효율적으로 관리 및 활용될 수 있도록 노력하여야 한다.

② 적립한 공무 항공마일리지의 관리기간은 마일리지를 부여받은 날로부터 10년으로 하고, 직원이 퇴직 시에는 그 퇴직일까지로 한다.

③ 퇴직 후 직원으로 다시 채용하는 인력에 대해서는 재직 시 적립한 공무 항공마일리지를 재채용 후 14일 이내에 회사 시스템에 입력하고, 그 관리기간은 제2항에 따른다.

25 윗글을 읽고 이해한 내용으로 적절한 것은?

① 지침의 목적은 임직원의 국외 공무여행에서 발생하는 마일리지만 관리하는 것이다.
② 공무 항공마일리지는 비용 지급 주체에 따라 적립하여야 한다.
③ 퇴직 후 재채용한 직원의 경우 기존에 적립된 마일리지의 사용이 불가하다.
④ 마일리지는 공무여행에 필요한 용도에만 활용할 수 있다.
⑤ 좌석 승급이 불가능할 경우 마일리지를 보너스 항공권 확보에 활용할 수 있다.

26 (가)～(다)를 논리적 순서대로 바르게 나열한 것은?(단, (가)～(다)는 ①～③항 중 하나이다)

① (가) – (나) – (다)
② (가) – (다) – (나)
③ (나) – (가) – (다)
④ (나) – (다) – (가)
⑤ (다) – (나) – (가)

27 다음 중 A씨가 관리지침에 따라 실행한 것으로 적절하지 않은 것은?

> A씨는 ① 출장 전 항공사의 마일리지 회원에 개인명의로 가입하였으며, 공무 항공마일리지로 적립하여 왔다. A씨는 제주도에서 열리는 세미나 참석에 마일리지를 사용하고자 ② 우선 보너스 항공권을 받을 수 있는지 알아보았다. 항공편 사정상 보너스 항공권 확보가 어렵다는 답변을 들은 A씨는 ③ 대신 좌석 승급에 마일리지를 사용하였다. A씨는 세미나를 마친 후 제주도에 사는 오랜 친구를 만나기 위해 ④ 남은 마일리지에서 차감하여 렌터카 대여를 신청하였다. 세미나에서 돌아온 A씨는 여비규정에 따라 ⑤ 승급된 좌석 아래 등급에 해당하는 운임을 지급받았다.

28 다음은 해외 출장이 잦은 해외사업팀 A～D사원 4명의 항공 마일리지 현황이다. 다음 명제가 모두 참일 때, 항상 참이 아닌 것은?

> • A사원의 항공 마일리지는 8,500점이다.
> • A사원의 항공 마일리지는 B사원보다 1,500점 많다.
> • C사원의 항공 마일리지는 B사원보다 많고 A사원보다 적다.
> • D사원의 항공 마일리지는 7,200점이다.

① A사원의 항공 마일리지가 가장 많다.
② D사원의 항공 마일리지가 4명 중 가장 적지는 않다.
③ B사원의 항공 마일리지는 4명 중 가장 적다.
④ C사원의 정확한 항공 마일리지는 알 수 없다.
⑤ 항공 마일리지가 많은 순서는 'A – D – C – B' 사원이다.

※ 다음은 L사의 사내 방송 대본이다. 이어지는 질문에 답하시오. **[29~32]**

생각해보면 참 당연하면서도 놀라운 사실. 언제부터 알게 됐는지 모르겠지만 우리는 마실 때 시원하게 해서 맛있는 물의 온도를 맞추고, 씻을 때 너무 뜨겁거나 차갑지 않게 맞추면서 자연스럽게 알맞은 물의 온도를 인식하여 사용하고 있더라고요. 이럴 때면 경험이나 습관이라는 것이 얼마나 큰 지식인지 새삼 놀라게 됩니다. 이렇게 이미 익숙한 물의 온도를 대략 짐작해서 쓰고 있지만 실제로도 사용하는 곳에 따라 알맞은 물의 온도라는 것이 존재하는데요, 각 상황에 적절한 물의 온도는 어느 정도일까요?

㉠ 여름이 다가오고 날씨가 더워지면서 몸을 더 자주 씻게 되는데요, 여러분은 한여름에 샤워할 때 찬물로 하시나요, 아니면 따뜻한 물로 하시나요? 한여름의 즐거움이라고 하면 땀을 뻘뻘 흘린 후에 온몸이 짜릿할 정도로 시원한 물을 뒤집어쓰는 것이지만, 목욕할 때 아주 차거나 뜨거운 물보다는 30도에서 40도로 맞추어주는 것이 좋습니다. 겨울에 춥다고 아주 뜨거운 물로 씻으면 일순간 피로가 풀리거나 시원해지는 기분이 들기도 하지만 피부에 자극이 되고 건조해질 수 있고 또한 여름에 덥다고 해서 찬물로 목욕을 하면 그 순간은 시원하겠지만 내려간 체온을 유지하기 위하여 열이 발생하니 오히려 더 더워질 수도 있고요. 물론 너무 더운 날에는 이런 이론적인 이야기보다 그저 찬물 한 바가지가 절실하겠죠?

㉡ 어쨌든 이러한 물의 온도는 머리를 감을 때도 마찬가지인데요, 머리카락은 특히 약한 부위이기 때문에 너무 뜨겁거나 찬물은 모발과 두피에 좋지 않아서 머릿결을 상하게 합니다. 샴푸 CF에 나오는 것처럼 찰랑하고 빛나는 머릿결까진 아니더라도 탈모를 예방하는 차원에서 적당히 따뜻한 온도의 물로 씻어주는 것이 머릿결을 보호하는 하나의 방법입니다.

또 최근에 건강에 좋은 여러 효과가 알려져 인기를 끌고 있는 반신욕. 집에서 반신욕 즐기는 분들 많으시죠? 반신욕을 하면 피부의 노폐물도 배출해주고 혈액 순환을 도와주기 때문에 많은 분이 즐기시는데요, 반신욕을 할 때 뜨거운 물에 오래 있을수록 땀도 많이 나고 효과가 좋을 것 같지만 실제로는 37 ~ 38도에서 20분 정도만 해주는 것이 가장 좋다고 해요. 노폐물의 배출도 좋지만 너무 오래 해서 피부 속 수분이 적어지면 이 또한 피부에 좋지 않다는 사실! 뭐든 적당하게 즐기는 것이 좋답니다.

㉢ 아마 방송을 들었던 분들이라면 지난번 방송에서 마시는 물 중 차를 맛있게 마실 수 있는 온도에 대해서 이야기했던 것을 기억하실 텐데요, 기억나지 않는 분들을 위해 간단히 이야기해보자면 홍차와 우롱차는 95도 이상의 높은 온도에서, 녹차와 같은 생차(발효과정을 거치지 않은 차)는 70도 전후의 물에서 우리는 것이 가장 맛있게 즐길 수 있는 온도랍니다.

그렇다면 차로 마시는 물이 아니라 평소에 마시는 물은 어떤 온도가 가장 좋을까요? 가끔 드라마에서 보면 물병은 늘 식탁에 꺼내져 있고 그 물을 따라 마시는 것을 보면서 '냉장고에 보관하는 우리 집이랑 다른데?', '미지근한 물 싫은데?'하고 생각해보셨던 분들 계시겠죠? 물론 저도 포함해서요. 하지만 실제로 건강에는 미지근한 물이 좋다고 합니다. 너무 차가운 물은 체내 온도를 낮춰서 기초대사를 떨어뜨리거든요. 특히 아침에 일어나서 마시는 미지근한 물 한 잔은 위를 보호해주는 역할도 한답니다. 여름에는 어쩔 수 없이 시원한 얼음물 한 잔이 그리워지겠지만 너무 급하게 얼음물을 마시면 머리가 찡하고 두통이 오는 경험을 하게 되실지도 몰라요!

㉣ 이 외에도 옷을 세탁할 때에도 중요한 물의 온도! 왜냐하면 수온에 따라 옷감을 상하게 하거나 옷을 변하게 할 수 있기 때문입니다. 갑자기 줄어든 옷에 속상해하지 않으려면 옷을 뒤집었을 때 안쪽에 붙어있는 안내표에 친절하게 표시된 숫자를 꼭 확인해보세요.

또 물의 온도가 생명과 직접 연관되는 경우도 있는데요, 바로 집에서 물고기나 거북이 등 어류를 키우려 할 때입니다. 이 경우의 수온은 물에서 사는 동물들의 생명과 아주 직접 연관된 문제이니 예쁜 열대어나 민물고기, 거북이와 오래오래 함께하려면 적절한 수온에 대해 꼭! 알아보셔야 해요.

29 **L사 사내 방송을 듣고 이를 이해한 내용으로 가장 적절한 것은?**

① 앞으로 옷을 세탁할 때는 뜨거운 물을 사용해야겠어.
② 한여름 찬물 샤워를 즐겼는데 앞으로는 30 ~ 40도 정도의 물로 해야겠어.
③ 요즘 탈모로 고민인데, 뜨거운 물은 좋지 않으니 찬물로 머리를 감아야겠네.
④ 반신욕은 30분 이상 주 2회는 꼭 해야겠어.
⑤ 홍차는 시원하게 마셔야 맛있게 즐길 수 있구나.

30 **문단을 ㉠ ~ ㉣로 분류했을 때, 각 문단의 제목으로 적절하지 않은 것은?**

① ㉠ : 목욕물의 적절한 온도는?
② ㉡ : 반신욕과 머리 감기, 적절한 온도는?
③ ㉢ : 차의 종류에 따른 가장 맛있는 온도는?
④ ㉣ : 물 온도, 동물의 생명과 직접적인 연관 있다!
⑤ 모두 적절하지 않다.

31 **L사 사내 방송을 통해 알 수 있는 내용으로 적절하지 않은 것은?**

① 목욕할 때 물의 적정 온도
② 반신욕의 적정 온도와 시간
③ 발효차와 생차의 차이
④ 미지근한 물의 효능
⑤ 차를 맛있게 먹을 수 있는 적정 온도

32 **L사 사내 방송의 전개 방식으로 가장 적절한 것은?**

① 특정 주장을 비판하며 반박한다.
② 주장을 강하게 펼치며 설득한다.
③ 예시들을 열거하며 주장을 뒷받침한다.
④ 공감을 유도하며 정보를 전달한다.
⑤ 자신의 개인적인 경험이나 감정을 많이 섞어서 얘기한다.

※ L마트 온라인 홈페이지에서는 5월 가정의 달을 맞이하여 17일 하루 동안 원데이 특가 세일을 한다. 이어지는 질문에 답하시오. **[33~36]**

〈5월 가정의 달 원데이 특가 세일〉

상품명	정가	배송료	할인율
참목원 등심(500g)	53,000원	–	15%
진주 파프리카(1.5kg)	13,900원	3,000원	40%
진한홍삼(50mL×30포)	60,000원	5,000원	57%
◇◇비타민C(1,080mg×120정)	10,800원	2,500원	40%
밀푀유 등심돈까스(500g×2)	17,000원	2,500원	10%
제주고등어살(1kg)	26,500원	3,000원	25%
포기김치 5호(10kg)	56,000원	–	15%
무농약 밤(4kg)	26,000원	2,500원	10%
☆☆쌀(20kg)	64,000원	–	10%
연어회세트(200g+소스)	20,000원	3,000원	20%
좌석용 선풍기	75,000원	–	30%
차량용 공기청정기	30,000원	2,500원	25%
밀폐용기세트	12,000원	2,500원	10%

※ 구매 전 꼭 확인하세요!

- 원데이 특가 세일은 오전 10시에 오픈되며, 할인 기간은 당일 오전 10시부터 익일 오전 10시까지임
- 오전 10시부터 선착순 200명을 대상으로 전(全)상품을 무료로 배송함
- 할인율은 수량에 상관없이 표에 제시된 할인율을 적용함
- 도서 산간지역은 추가 배송료 5,000원이 적용됨(무료 배송 포함)
- 상품은 업체별 배송으로, 배송료는 상품별로 각각 적용됨
- 배송료가 있는 상품은 구매하는 수량에 상관없이 한 번만 적용됨

33 울릉도에 살고 있는 주희는 5월 17일 오전 11시에 제주고등어살 2kg과 진한홍삼 30포를 주문했다. 최소한의 금액으로 결제를 했을 경우 배송료를 포함하여 주희가 결제한 총금액은?(단, 무료 배송 이벤트는 오전 10시 30분에 끝난 상황이다)

① 45,700원
② 55,300원
③ 78,550원
④ 79,280원
⑤ 81,450원

34 5월 17일 오후 3시 현재 준혁이의 장바구니에 담긴 상품 목록은 아래와 같다. 상품의 총가격을 계산해보니 생각보다 많이 구매한 것 같아 등심 하나와 좌석용 선풍기를 빼려고 한다. 준혁이가 결제한 총금액은?(단, 준혁이는 서울특별시 강남구에 거주하며, 무료 배송 이벤트는 끝난 상황이다)

〈준혁이의 장바구니 상품 목록〉

상품명	수량	정가	할인율	배송료
참목원 등심	2	106,000원	15%	–
진주 파프리카	4	55,600원	40%	3,000원
☆☆쌀	1	64,000원	10%	–
좌석용 선풍기	1	75,000원	30%	–
무농약 밤	3	78,000원	10%	2,500원

① 200,500원
② 208,710원
③ 209,210원
④ 211,710원
⑤ 213,000원

35 지희와 소미는 각각 원데이 특가 세일을 이용하여 다음과 같이 상품을 구매했다. 지희는 5월 17일 오전 10시에 구매하였고, 소미는 5월 18일 오전 10시 30분에 구매했다. 또한 지희는 운이 좋아 무료 배송 이벤트에 당첨됐다. 지희와 소미 중 누가 더 많은 금액을 결제하였고, 그 금액은 얼마인가?(단, 지희는 춘천에 거주하고, 소미는 서울에 거주한다)

〈지희와 소미가 구매한 상품 목록〉

지희가 구매한 상품 목록	소미가 구매한 상품 목록
• 진한홍삼 30포 • 밀퓌유 등심돈까스 500g×2 • 포기김치 5호 10kg • 연어회세트 200g	• 진주 파프리카 3kg • ◇◇비타민C 120정 • 무농약 밤 4kg • 제주고등어살 2kg

① 지희, 104,700원
② 소미, 107,700원
③ 지희, 107,200원
④ 소미, 128,600원
⑤ 지희, 128,600원

36 연어회 세트를 배송하려는데 배송지까지의 거리가 총 50km이다. 60km/h의 속력으로 20km를 갔더니 배송시간이 얼마 남지 않아서 90km/h의 속력으로 갔고 오후 3시에 배송을 완료할 수 있었다. 배송을 출발한 시각은?

① 오후 1시 40분
② 오후 2시
③ 오후 2시 20분
④ 오후 2시 40분
⑤ 오후 3시

※ 다음은 L사 인트라넷 자유게시판에 올릴 글이다. 이어지는 질문에 답하시오. **[37~40]**

> 매실은 유기산 중에서도 구연산(시트르산)의 함량이 다른 과일에 비해 월등히 많다. 구연산은 섭취한 음식을 에너지로 바꾸는 대사 작용을 돕고, 근육에 쌓인 젖산을 분해하여 피로를 풀어주며 칼슘의 흡수를 촉진하는 역할도 한다. 피로를 느낄 때 매실 식초와 생수를 1 : 3 비율로 희석하여 마시면 피로 회복에 효과가 있다.
> 매실의 유기산 성분은 위장 기능을 활발하게 한다고 알려졌다. 매실의 신맛은 소화 기관에 영향을 주어 위장, 십이지장 등에서 소화액 분비를 촉진시켜 주어 소화 불량에 효능이 있다. 소화가 안 되거나 체했을 때 매실청을 타 먹는 것도 매실의 소화액 분비 촉진 작용 때문이다. 또한 장 내부를 청소하는 정장 작용은 물론 장의 연동 운동을 도와 변비를 예방하고 피부까지 맑아질 수 있다.
> 매실의 해독 작용은 『동의보감』도 인정하고 있다. 매실에 함유된 피루브산은 간의 해독 작용을 도와주며, 카테킨산은 장 속 유해 세균의 번식을 억제하는 효과가 있다. 매실의 해독 작용은 숙취 해소에도 효과가 있다. 매실즙이 알콜 분해 효소의 활성을 높여주기 때문이다. 또한 이질균, 장티푸스균, 대장균의 발육을 억제하는 것은 물론, 장염 비브리오균에도 항균 작용을 하는 것으로 알려져 있다.
> 매실의 유기산 성분은 참으로 다양한 곳에서 효능을 발휘하는데 혈액을 맑게 해주고 혈액 순환을 돕는다. 혈액 순환이 좋아지면 신진대사가 원활해지고 이는 피부를 촉촉하고 탄력 있게 만들어 준다. 또 매실은 인스턴트나 육류 등으로 인해 점점 몸이 산성화되어가는 체질을 중화시켜 주는 역할도 한다.
> 매실은 칼슘이 풍부하여 여성에게서 나타날 수 있는 빈혈이나 생리 불순, 골다공증에도 좋다고 한다. 특히 갱년기 장애를 느낄 때 매실로 조청을 만들어 꾸준히 먹는 것이 좋다. 꾸준한 복용을 추천하지만 적은 양으로도 농축된 효과가 나타나므로 중년의 불쾌한 증세에 빠른 효과를 보인다고 알려져 있다. 더불어 매실은 체지방을 분해해 주어 다이어트에도 효능이 있다.

37 윗글의 제목으로 가장 적절한 것은?

① 알뜰살뜰, 매실청 집에서 담그는 법
② 여름철 '푸른 보약' 매실의 힘
③ 장수 비법 – 제철 과일의 효과
④ 색깔의 효능 : 초록색편 – 매실
⑤ 성인병 예방의 달인, 6월의 제철 식품

38 매실의 성분과 그 효능을 연결한 것으로 적절하지 않은 것은?

① 구연산 – 숙취 해소
② 유기산 – 소화 작용 촉진
③ 피루브산 – 해독 작용
④ 칼슘 – 빈혈 완화
⑤ 칼슘 – 생리 불순 완화

39 **L사 식품연구개발팀은 윗글의 내용을 활용하여 신제품을 개발하고자 한다. 예상 판매층으로 적절하지 않은 것은?**

① 매일 학교 또는 학원에서 밤늦게까지 공부하는 학생들
② 외모에 관심이 많은 20대 여성들
③ 갱년기가 걱정되는 중년 여성들
④ 스마트폰 사용, TV 시청 등으로 시력 저하가 걱정되는 청소년들
⑤ 잦은 회식으로 간 건강이 걱정되는 직장인들

40 **L사 게시판을 이용하는 어느 직원은 윗글의 답글로 풋귤의 효능에 대한 글을 게재했다. 다음 글을 읽고 이해한 내용으로 적절하지 않은 것은?**

감귤의 미숙과인 풋귤이 피부 관리에 도움이 되는 것으로 밝혀졌다. 풋귤 추출물이 염증 억제를 돕고 피부 보습력을 높이는 것이 실험을 통해 밝혀진 것이다. 우선 사람 각질세포를 이용한 풋귤 추출물의 피부 보습 효과 실험을 살펴보면, 각질층에 수분이 충분해야 피부가 건강하고 탄력 있는데, 풋귤 추출물은 수분은 물론 주름과 탄성에도 영향을 주는 히알루론산을 많이 생성하게 된다. 실험 결과 사람 각질세포에 풋귤 추출물을 1% 추가하면 히알루론산이 40% 증가하는 것으로 나타났다.
또한 동물 대식세포를 이용한 풋귤 추출물의 염증 억제 실험을 살펴보면 염증 반응의 대표 지표 물질인 산화질소와 염증성 사이토킨의 생성 억제 효과를 확인했다. 풋귤 추출물을 200μg/mL 추가했더니 산화질소 생성이 40% 정도 줄어들었으며, 염증성 사이토킨 중 일부 성분은 30%에서 많으면 80%까지 억제된 것이다.
다음으로 풋귤은 완숙 감귤보다 폴리페놀과 플라보노이드 함량이 2배 이상 높은 것으로 나타났으며, 그밖에도 많은 기능성 성분과 신맛을 내는 유기산도 들어 있다. 특히 피로의 원인 물질인 젖산을 분해하는 구연산 함량이 1.5～2%로 완숙과보다 3배 정도 높아 지친 몸과 피부를 보호하는 데 도움이 될 수 있다.
이처럼 풋귤의 기능 성분들이 하나씩 밝혀지면서 솎아내 버려졌던 풋귤을 이용할 수 있을 것으로 보이며, 풋귤의 이용이 대량 유통으로 이어지면 감귤 재배 농가의 부가 소득 창출에도 기여할 수 있을 것으로 보인다. 또한 앞으로 피부 임상 실험 등을 거쳐 항염과 주름 개선 화장품 소재로도 개발될 수 있을 것이다.

① 풋귤은 감귤의 미숙과로 솎아내 버려지곤 했다.
② 풋귤 추출물은 피부 보습에 효과가 있다.
③ 풋귤 추출물은 산화질소와 사이토킨의 생성을 억제한다.
④ 풋귤은 구연산 함량이 완숙 감귤보다 3배 정도 낮아 피로 해소에 도움이 된다.
⑤ 풋귤은 앞으로 화장품으로도 개발될 수 있을 것이다.

3일 차
기출응용 모의고사

〈시험 개요 및 시간〉

롯데그룹 L-TAB 온라인 직무적합진단	
개요	시간
• 실제 업무 상황처럼 구현된 Outlook 메일함 / 자료실 환경에서 이메일 및 메신저 등으로 전달된 다수의 과제 수행 • 문항에 따라 객관식, 주관식, 자료 첨부 등 다양한 형태의 답변이 가능 • 문항 수 구분은 없으나 대략적으로 30 ~ 40문제 수준의 문항 수가 주어짐	3시간 (사전준비 1시간 포함)

롯데그룹 L-TAB 온라인 직무적합진단

3일 차 기출응용 모의고사

문항 수 : 40문항
시험시간 : 120분

※ 다음은 L교육기관의 사회통합프로그램을 소개하는 글이다. 이어지는 질문에 답하시오. **[1~4]**

〈사회통합프로그램 소개〉

Ⅰ. 과정 및 이수시간(2024년 4월 현재)

구분	0단계	1단계	2단계	3단계	4단계	5단계
과정	한국어와 한국문화					한국사회의 이해
	기초	초급 Ⅰ	초급 Ⅱ	중급 Ⅰ	중급 Ⅱ	
이수시간	15시간	100시간	100시간	100시간	100시간	50시간
사전평가	구술 3점 미만 (필기점수 무관)	총점 3 ~ 20점	총점 21 ~ 40점	총점 41 ~ 60점	총점 61 ~ 80점	총점 81 ~ 100점

Ⅱ. 사전평가

1. 평가 대상 : 사회통합프로그램 참여 신청자는 모두 응시해야 함
2. 평가 내용 : 한국어능력 등 기본소양 정도
3. 평가 장소 : 관할 출입국에서 지정하는 별도 장소
4. 평가 방법 : 필기시험 및 구술시험(총 50문항, 100점)
   가. 필기시험(45문항, 90점)
      - 문항 수는 총 45문항으로 객관식(43), 단답형 주관식(2)
      - 시험시간은 총 50분
      - 답안지는 OMR카드를 사용함
   나. 구술시험(5문항, 10점)
      - 문항 수는 총 5문항으로 읽기, 이해하기, 대화하기, 듣고 말하기 등으로 구성
      - 시험시간은 총 10분

※ 사전평가일로부터 6개월 이내에 교육에 참여하지 않은 경우 해당 평가는 무효가 되며, 다시 사전 평가에 응시하여 단계배정을 다시 받아야만 교육 참여가능 → 이 경우에는 재시험 기회가 추가로 부여되지 않음(평가 결과에 불만이 있더라도 재시험을 신청할 수 없음)

※ 사회통합프로그램의 '0단계(한국어와 한국문화 기초)'부터 참여하기를 희망하는 경우에 한해 사전평가를 면제받을 수 있음. 사전평가를 면제받고자 할 경우에는 사회통합프로그램 참여신청 화면의 '사전평가 응시여부'에 '아니요'를 체크해야 함

Ⅲ. 참여 시 참고사항

1. 참여 도중 출산, 치료, 가사 등 불가피한 사유로 30일 이상 계속 참여가 불가능할 경우 참여자는 사유발생일로부터 15일 이내에 사회통합정보망(마이페이지)을 통해 이수정지 신청을 해야 함 → 이 경우 사유 종료 후 과거 이수사항 및 이수시간이 계속 승계되어 해당 과정에 참여할 수 있으며, 이수정지 후 2년 이상 재등록하지 않을 경우 직권제적 대상이 되므로, 계속 참여 의사가 있는 경우에는 2년 이내에 재등록해야 함
2. 참여 도중 30일 이상 무단으로 결석할 경우 제적 조치하고, 이 경우에는 해당단계에서 이미 이수한 사항은 모두 무효 처리함

01 다음 〈보기〉 중 2024년 4월에 같은 강의를 듣는 사람끼리 바르게 짝지은 것은?

〈보기〉

ㄱ. 사전평가에서 구술 10점, 필기 30점을 받은 A씨
ㄴ. 사전평가에서 구술 2점, 필기 40점을 받은 B씨
ㄷ. 1년 전 초급 Ⅰ 과정을 30시간 들은 후 이수정지 신청을 한 후 재등록한 C씨
ㄹ. 사전평가에 응시하지 않겠다고 의사를 표시한 후 참여를 신청한 D씨

① ㄱ, ㄴ
② ㄱ, ㄷ
③ ㄴ, ㄷ
④ ㄴ, ㄹ
⑤ ㄷ, ㄹ

02 A사원은 온라인 상담게시판에 올라온 한 고객의 상담문의를 읽었다. 문의내용에 따라 고객이 다음 단계에 이수해야 할 과정과 이수시간을 바르게 짝지은 것은?

고객 상담 게시판	
[1:1 상담요청] 제목 : 이수과목 관련 문의드립니다.	2024-04-01
안녕하세요. 2022년 10월에 한국어와 한국문화 초급 Ⅱ 과정을 수료한 후, 중급 Ⅰ 과정 30시간을 듣다가 출산 때문에 이수정지 신청을 했었습니다. 다음 달부터 다시 프로그램에 참여하고자 하는데, 어떤 과정을 몇 시간 더 들어야 하나요? 답변 부탁드립니다.	

	과정	이수시간
①	기초	15시간
②	초급 Ⅱ	70시간
③	초급 Ⅱ	100시간
④	중급 Ⅰ	70시간
⑤	중급 Ⅰ	100시간

03 3일 동안 교육에 참여해야 하는데 버스를 타고 갈 확률이 $\frac{1}{3}$, 걸어갈 확률이 $\frac{2}{3}$이다. 3일 중 첫날은 버스를 타고, 남은 2일은 순서에 상관없이 버스를 타고 1번, 걸어서 1번 갈 확률은?

① $\frac{1}{27}$

② $\frac{2}{27}$

③ $\frac{1}{9}$

④ $\frac{4}{27}$

⑤ $\frac{5}{27}$

04 다음 중 윗글을 이해한 내용으로 적절하지 않은 것은?

① 필기시험에서 답안지는 OMR 카드를 사용하는구나.

② 구술시험에서는 문항 수는 총 5문항으로 읽기, 이해하기, 대화하기, 듣고 말하기 등으로 구성되어 있어.

③ 사회통합프로그램의 '0단계'부터 참여하기를 희망하는 경우에 한해 사전평가를 면제받을 수 있네.

④ 사전평가를 면제받고자 할 경우에는 사회통합프로그램 참여 신청 화면의 '필기시험 응시여부'에 '아니요'를 체크해야 해.

⑤ 사전평가의 평가 장소는 아직 공지되지 않았어.

※ 귀하는 L사의 서비스 상담직원으로 근무하고 있으며, 다음의 A/S 규정에 기반하여 당사 제품을 구매한 고객들의 문의를 응대하는 업무를 맡고 있다. 이어지는 질문에 답하시오. **[5~8]**

〈A/S 규정〉

■ **제품 보증기간**

- 제품의 보증기간은 제품 구매일을 기준으로 하며, 구매일을 증명할 수 있는 자료(구매영수증, 제품보증서 등)가 없을 경우에는 제품 생산일을 기준으로 산정한다.
- 단, 보증기간(1년 이내) 중 소비자 취급주의, 부적절한 설치, 자가 수리 또는 개조로 인한 고장 발생 및 천재지변(화재 및 수해 낙뢰 등)으로 인한 손상 또는 파손된 경우에는 보증기간 기준을 제외한다.

■ **A/S 처리기준**

- 제품 보증기간 1년 이내 무상A/S를 실시한다.
- 초기불량 및 파손의 경우를 제외한 사용 이후의 불량은 각 제품의 제조사 또는 판매자가 처리함을 원칙으로 한다.
- 당사는 제품의 미개봉 판매를 원칙으로 하며, 모든 사후처리는 당사의 A/S 규정과 원칙에 준한다.

■ **교환·환불 배송 정책**

- A/S에 관련된 운송비는 제품 초기불량일 경우에만 당사에서 부담한다.
- 당사의 교환 및 환불 정책은 수령한 날짜로부터 7일 이내 상품이 초기불량 및 파손일 경우에 한하며, 그 외의 경우에는 복구비용을 소비자가 부담하여야 한다.
- 당사에서 판매한 제품의 환불은 소비자법 시행령 제12조에 준한 사후처리를 원칙으로 한다.
- 제품의 온전한 상태를 기준으로 하며, 수령 후 제품을 사용하였을 경우에는 환불이 불가능하다.
- 단순변심으로는 미개봉 상태에서 3일 이내에 환불신청을 해야 한다.

■ **서비스 처리 비용**

구성	수리조치 사항		고객부담금(원)	비고
DVR 녹화기 관련	모델별 펌웨어 업그레이드 설치		20,000	회당
	하드 디스크 초기화 및 기능 점검		10,000	회당
	이전 설치로 인한 네트워크 관련 작업		20,000	-
	PC장착 카드형 DVR CD-Key		10,000	개당
	DVR 메인보드 파손		수리 시 50,000 교체 시 100,000	-
CCTV 카메라 관련	각종 카메라 이전 설치		건물 내 30,000 건물 외 50,000	-
	각종 카메라 추가 설치		건물 내 10,000 건물 외 20,000	제품 구매비 별도
	영상관련 불량	1) 기본 27만 화소 모듈	15,000	개당
		2) 27만 화소 IR 모듈	20,000	개당
		3) 41만 화소 IR 모듈	30,000	개당
	각종 카메라 전면 유리 파손 교체		3,000	개당
	카메라 전원·영상 배선 교체		8,000	-
	소비자 과실로 인한 내부 파손		수리 시 50,000 교체 시 100,000	-

05 **다음은 당사의 제품을 구매한 고객이 문의한 사항이다. 귀하의 답변으로 적절하지 않은 것은?**

> 고객 : 안녕하세요? 3일 전에 CCTV 제품을 구매해 설치하였습니다. 항상 켜두는 제품이라 고장이 쉽게 날 수 있을 것 같은데, A/S 규정이 어떻게 되는지 안내해주실 수 있나요?
> 귀하 : 안녕하세요? 고객님. 저희 업체의 제품을 이용해 주셔서 감사합니다.
> 문의하신 A/S 규정에 대하여 간략하게 안내해 드리겠습니다.

① 보증기간 1년 이내에 발생하는 고장에 대해서는 무상으로 수리를 해드리고 있으나, 고객님의 취급주의나 부적절한 설치, 자가 수리 또는 개조로 인하여 고장이 발생하였을 경우에는 무상A/S를 받으실 수 없습니다.

② 당사는 제품을 미개봉한 상태에서 판매하는 것을 원칙으로 하고 있습니다. 온전한 제품을 수령한 후 사용하였을 때에는 환불이 불가합니다.

③ 다만, 제품을 수령한 날로부터 7일 이내에 초기불량 및 파손이 있을 경우에는 당사에서 교환 또는 환불해드리고 있으니 언제든지 연락주시기 바랍니다.

④ 수령한 날짜로부터 7일 이내 상품이 초기불량 및 파손일 경우 외의 문제가 발생하면, 운송비를 제외한 복구 시 발생하는 모든 비용에 대해 고객님께서 부담하셔야 합니다.

⑤ 단순변심으로는 미개봉 상태에서 3일 이내에 환불신청을 해야 한다.

06 **다음은 고객이 게시판에 남긴 문의 내용이다. 귀하가 고객에게 안내해야 할 수리비용은?**

> 고객 : 안녕하세요? 재작년에 L사 DVR녹화기를 구매했었는데요. 사용 중에 문제가 생겨 문의 남깁니다. 며칠 전에 CCTV와 DVR을 다른 장소로 옮겨 설치했는데 네트워크 설정이 필요하다고 뜨면서 제대로 작동하지 않네요. 혹시 제가 제품을 구매한 후로 펌웨어 업그레이드를 한 번도 안했었는데, 그것 때문일까요? 어찌 되었든 저에게 방문하는 수리기사에게 업그레이드뿐만 아니라 하드 디스크도 함께 점검해 달라고 요청해주세요. 그러면 수리비용은 얼마나 나올까요?

① 60,000원
② 50,000원
③ 40,000원
④ 30,000원
⑤ 20,000원

07 다음은 수리기사가 보내온 A/S 점검 결과 내용이다. 이를 토대로 고객에게 청구하여야 할 비용은?

〈A/S 점검표〉

점검일자 : 2024년 5월 27일(월)

대상제품		MD-RO439 model CCTV 카메라 1대
제품위치		건물 내부
점검항목		점검내용
외부	전면 헤드	전면 유리 파손 교체
	후면 고정대	이상 무
	본체	이상 무
내부	메인보드	이상 무, 클리너 사용(비용 ×)
	전원부	전원 배선 교체
	출력부	41만 화소 IR 교체
기타사항		로비 CCTV 1대 추가 설치(제품비 80,000원)

① 101,000원
② 111,000원
③ 121,000원
④ 131,000원
⑤ 141,000원

08 어떤 고객이 1년 내에 무상A/S를 신청했다. 직원 A는 A/S센터에서 1.5km 떨어진 고객의 사무실에 가는데 15분 안에 도착해야 한다. 처음에는 40m/min의 속력으로 걷다가 지각하지 않기 위해 남은 거리를 160m/min의 속력으로 달렸다면 걸어간 거리는?

① 280m
② 290m
③ 300m
④ 310m
⑤ 320m

※ 다음은 L그룹 A부서의 문서정리 작업 일정에 대한 자료이다. 이어지는 질문에 답하시오. **[9~12]**

〈5월 달력〉

일	월	화	수	목	금	토
			1	2	3	4
5	6	7	8	9	10	11
12	13	14	15	16	17	18
19	20	21	22	23	24	25
26	27	28	29	30	31	

※ 일주일의 시작은 일요일이며, 첫째 주는 5일부터임

〈문서별 정리 일정〉

- A문서 : 매주 수, 목에 정리를 한다.
- B문서 : E문서를 정리한 주를 제외하고, 토요일에 정리한다.
- C문서 : A 또는 E문서를 정리하는 날에 같이 정리하며, 매달 3번씩 정리한다.
- D문서 : B문서를 정리하고 이틀 후에 문서를 정리하여 같이 보관한다.
- E문서 : 매달 9일과 20일에 정리하여 보관한다.
- F문서 : 매주 화요일에 정리한다.

09 A ~ F문서 중 5월에 가장 빈번하게 정리한 문서는?

① A문서　　② C문서
③ D문서　　④ E문서
⑤ F문서

10 5월에 3종류 이상의 문서를 정리하지 않은 주는?

① 첫째 주
② 둘째 주
③ 셋째 주
④ 넷째 주
⑤ 알 수 없다.

11 C문서의 정리를 14일 전까지 끝내면서 F문서를 정리하는 주에는 2번 정리한다고 할 때, 5월 중 문서정리 횟수가 가장 많은 주에 속하는 날짜는?

① 5월 5일
② 5월 13일
③ 5월 18일
④ 5월 22일
⑤ 5월 26일

12 A～F문서 중 5월에 문서정리 주기가 같은 문서끼리 짝지은 것은?

① A, E
② A, F
③ B, D
④ C, D
⑤ D, F

※ K사는 가정용 인터넷 · 통신 시장에서 점유율 1위를 차지하고 있고, L사는 후발주자로 점유율 2위를 차지하고 있다. L사는 K사를 견제하며 자사의 시장점유율을 높이기 위해 가격할인 정책을 실시하고자 한다. 다음은 가격할인이 상품판매량에 미치는 영향을 정리한 표이다. 이어지는 질문에 답하시오. **[13~16]**

〈가격할인 단위별 판매체계〉

구분		K사			
	할인율	0%	10%	20%	30%
L사	0%	(4, 5)	(3, 8)	(3, 12)	(2, 18)
	10%	(8, 4)	(5, 7)	(5, 8)	(4, 14)
	20%	(10, 3)	(8, 6)	(7, 9)	(6, 12)
	30%	(12, 2)	(10, 5)	(9, 7)	(8, 10)

※ 괄호 안의 숫자는 각 회사의 할인정책에 따른 월 상품판매량(단위 : 백 개)을 의미함 (L사 상품판매량, K사 상품판매량)

※ 두 기업에서 판매하는 상품은 동급으로 상품당 판매가는 500,000원임

13 두 회사가 동일한 가격할인 정책을 실시한다고 가정했을 때, L사가 K사와의 매출액 차이를 최소화할 수 있는 할인율은 얼마이고, 그때의 월 매출액 차이는?

① 10% 할인, 8천만 원

② 20% 할인, 8천만 원

③ 20% 할인, 7천만 원

④ 30% 할인, 7천만 원

⑤ 30% 할인, 6천만 원

14 L사에서는 20% 가격할인에 대해 검토하고 있다. 이에 대해 K사에서 어떻게 대응할지 정확하게 알 수 없지만 다음과 같은 확률로 가격을 할인하여 대응할 것으로 예측되었다. L사가 기대할 수 있는 월 매출액은?

〈20% 할인 시 경쟁사 대응 예측 결과〉

K회사 할인율	0%	10%	20%	30%
확률	20%	40%	30%	10%

① 30.2천만 원

② 30.8천만 원

③ 31.0천만 원

④ 31.6천만 원

⑤ 32.4천만 원

15 L사는 시장조사 및 경쟁사 분석을 통해 K사가 상품가격을 10% 할인한다는 정보를 획득하였다. 가장 많은 매출을 달성할 수 있는 구간이 30% 할인인 것을 알고 있지만 실질적인 이익, 즉 순이익이 가장 높은 구간인지에 대해서는 수익분석이 필요하였다. 상품을 유지하는 데 있어 다음과 같은 비용이 발생한다고 할 때, L사가 가장 많은 월 순수익을 달성할 수 있는 할인율은?

■ 상품 유지 시 소요되는 비용
- 고정비 : 50,000,000원
- 변동비 : 200,000원(개당)

① 0%
② 10%
③ 20%
④ 30%
⑤ 할인율별 차이가 없음

16 자사의 시장점유율을 높이고자 가격할인 정책에 관한 사내 워크숍을 진행하려고 한다. 준비를 위해 A～E 직원 5명의 워크숍 참석 여부를 조사하고 있다. 다음 〈조건〉을 참고하여 C가 워크숍에 참석할 때, 워크숍에 참석하는 직원을 바르게 추론하면?

〈조건〉

- B가 워크숍에 참석하면 E는 참석하지 않는다.
- D는 B와 E가 워크숍에 참석하지 않을 때 참석한다.
- A가 워크숍에 참석하면 B 또는 D 중 1명이 함께 참석한다.
- C가 워크숍에 참석하면 D는 참석하지 않는다.
- C가 워크숍에 참석하면 A도 참석한다.

① A, B, C
② A, C, D
③ A, B, C, D
④ A, B, C, E
⑤ A, C, D, E

※ 다음은 L사의 창립기념일 기념행사 공고에 대한 자료이다. 이어지는 질문에 답하시오. **[17~20]**

〈창립기념일 기념행사 공고〉

▶ 일시 : 20××년 7월 22일(금) ~ 23일(토)

▶ 장소 : 대부도 내 기관 연수원

▶ 세부 일정

1일 차		2일 차	
~ 12:00	연수원 집결	08:00 ~ 10:00	아침식사
12:00 ~ 14:00	점심식사	10:00 ~ 12:00	팀워크 향상 도미노 게임
14:00 ~ 14:15	개회식 (진행 : 김지우 대리, 이다인 대리)	12:00 ~ 13:30	폐회식 및 점심식사(기념품 지급)
14:15 ~ 14:45	대표님 말씀	13:30 ~	귀가
14:45 ~ 15:00	기념영상 상영	-	
15:00 ~ 15:10	휴식		
15:10 ~ 16:00	시상식 (장기근속자, 우수 동호회, 우수팀, 우수 사원)		
16:00 ~ 16:10	휴식		
16:10 ~ 18:00	팀 장기자랑 및 시상 (1등, 2등, 3등, 인기상)		
18:00 ~	연회 및 팀별 자유 시간		

▶ 차량운행

- 회사 → 대부도 연수원
- 대부도 연수원 → 회사

17 다음 중 비용 지출 항목의 성격이 다른 것은?

① 차량운행에 필요한 차량 대여료 및 기사님 섭외비

② 도미노 게임 진행을 맡아 줄 전문 진행자 행사비

③ 각종 시상 상품과 기념품 구매를 위한 구입비

④ 창립기념일 기념영상 제작 업체 섭외비

⑤ 식사를 챙겨줄 출장뷔페 및 조리사 섭외비

18 다음의 예산 항목과 지출 근거 중 가장 불필요한 내역은?

	예산 항목	지출 근거
①	인쇄비	기념품 내 기관 로고 삽입
②	답사비	대부도 연수원 위치, 시설 및 주변 답사
③	다과비	복도 비치용 다과 구입, 팀별 자유 시간용 다과 구입
④	식대	연회용 출장 뷔페 섭외
⑤	섭외비	게임 진행자, 기사님, 업체, 조리사 섭외

19 L사 행사 일정의 공고 이후 약 40%의 직원들이 앞당기거나 미룰 수 없는 외부 미팅으로 인해 점심시간 내 도착이 어렵다는 이야기를 전했다. 다음 중 예산절약을 위해 행사 담당자가 취해야 하는 행동으로 적절하지 않은 것은?

① 외부 일정으로 인해 정해진 시간 내에 도착하지 못하는 인원을 파악한다.

② 예정되어 있던 점심식사 관련 내역의 수정 여부를 확인한다.

③ 예정되어 있던 인원에 따라 점심식사를 신청한다.

④ 상황에 따라 일정을 조정할지, 예정대로 진행할지 의사결정을 한다.

⑤ 자칫 예산낭비가 될 수 있기 때문에 강행하지 않고 의견을 모아 차선책을 생각한다.

20 대부도 연수원은 회사에서 128km 떨어진 거리에 있다. 버스를 타고 중간에 있는 휴게소까지는 40km/h의 속력으로 이동하였고, 휴게소부터 대부도 연수원까지는 60km/h의 속력으로 이동하여 총 3시간 만에 도착하였다. 회사에서 휴게소까지의 거리는?(단, 휴게소에서 머문 시간은 포함하지 않는다)

① 24km　② 48km

③ 72km　④ 104km

⑤ 110km

※ 다음은 L사의 A지점과 관련된 업무자료이다. 이어지는 질문에 답하시오. **[21~24]**

〈A지점 BIZ 영업팀 업무분장〉

직원	내선번호	업무분장
김부장	1211	• 담당 지역 내 금융 · 보험 · 부동산 · 임대 · 교육 관련 중소기업 · 소기업 대상 상품 컨설팅 및 고객 관리 • 판매대금 및 수금 관리 • 판매대장 정리
강과장	1212	• 담당 지역 내 과학 · 기술 · 스포츠 · 보건 · 사회복지 관련 중소기업 · 소기업 대상 상품 컨설팅 및 고객 관리 • 외상 매출금의 청구 · 회수 • 팀 내 제반 비용(법인카드 사용) 등 영수증 정리
김대리	1213	• 담당 지역 내 인쇄 · 의약품 제조 · 출판 · 영상 · 방송통신 관련 중소기업 · 소기업 대상 상품 컨설팅 및 고객 관리 • 경쟁사 동향 파악 및 정리 • 신입사원 교육 일정관리
최대리	1214	• 담당 지역 내 전자부품 · 컴퓨터 · 건설 관련 중소기업 · 소기업 대상 상품 컨설팅 및 고객 관리 • 불량 반품 및 고객 불만 처리 • 각종 공문서 작성 및 발송
남주임	1215	• 담당 지역 내 식료품 제조 관련 중소기업 · 소기업 대상 상품 컨설팅 및 고객 관리 • 회의실 · 행사장 등 대관 관련
박주임	1216	• 담당 지역 내 의류 제조 관련 중소기업 · 소기업 대상 상품 컨설팅 및 고객 관리 • 팀 내 비품 주문 및 관리

〈A지점 BIZ 영업팀의 2024년 3월 2주 일정〉

날짜	일정
3월 5일(월)	• 김부장 : X에듀 상품 컨설팅 방문(오전) • 강과장 : E복지 사후관리 방문(오전) • 김대리 : 3월 1주 경쟁사 동향 파악 및 정리 • 최대리 : P전자 사후관리 관련 방문(오후) • 남주임 : △△음료 사후관리 방문(오후) • 박주임 : Z의류 상품 컨설팅 방문(오전)
3월 6일(화)	• 김부장 : B생명보험 S지사 사후관리 방문(오후) • 강과장 : Y스포츠 사후관리 방문(오후) • 김대리 : L제약 상품 컨설팅 방문(오후) • 최대리 : 지난주 고객 불만처리 사항 통계 작성 후 본사 제출(e-메일) • 남주임 : ★★식품 상품 컨설팅 방문(오후) • 박주임 : J의류 사후관리 방문(오후)
3월 7일(수)	• 김부장 : 본사 교육 • 강과장 : 지난달 외상매출금 정리 · 청구 · 회수 요청 • 김대리 : S출판사 그룹웨어 상품 계약 방문(오후) • 최대리 : I전자 상품 컨설팅 방문(오전) • 남주임 : Y제과 회사 에너지 효율 상품 계약 방문(오후) • 박주임 : 팀 내 비품 주문 신청

3월 8일(목)	• 김부장 : 본사 교육 • 강과장 : W테크 그룹웨어 상품 계약 방문(오후) • 김대리 : G케이블방송 사후관리 방문(오전) • 최대리 : H컴퓨터 상품 컨설팅 방문(오후) • 남주임 : R식품 사후관리 방문(오후) • 박주임 : D의류 상품 컨설팅 방문(오전)
3월 9일(금)	• 김부장 : 주간 판매대금 및 수금 관리 • 강과장 : C화학 상품 컨설팅 방문(오후) • 김대리 : 시장조사(오전) • 최대리 : ㅁㅁ인쇄 사후관리 방문(오전) • 남주임 : 시장조사(오후) • 박주임 : 시장조사(오후)

• A지점 BIZ 영업팀의 근무 시간 : 오전 9:00 ~ 오후 6:00
• 이외 시간은 컨설팅 및 사후관리에 필요한 업무와 팀 내 업무를 수행한다.

〈본사 교육팀 장대리의 업무 협조 메일〉

발신 : L사 본사 교육팀 장대리(발신 시간 : 2024.03.06 AM 08:30)
수신 : L사 A지점 BIZ 영업팀 김대리(수신 시간 : 2024.03.06 AM 09:20)

제목 : 신입사원 실무교육 협조 요청

안녕하십니까. 저는 본사 교육팀 장대리입니다.

다름이 아니라 이번 신입사원들의 BIZ 영업 관련 교육 일정을 다시 정해주시기를 부탁하려고 합니다. BIZ 영업 교육을 하기로 한 날에 불가피하게 임원진 교육이 예정되어 기존에 잡혀있던 신입사원 실무교육의 일정을 3월 6 ~ 9일 사이로 앞당겨서 해주셨으면 합니다.

또한 전에 계획했던 것과 달리 신입사원들이 A지점을 방문해 실무교육을 받았으면 좋겠습니다. 저희 측에서 일정을 급하게 변동하기를 요청하는 만큼 변경된 교육 일정을 하루 전까지 알려주시면 교육에 차질 없도록 준비하겠습니다. 그리고 이전에 말씀드린 것과 같이 작년과 다르게 신입사원 실무교육 담당자의 직급은 과장 이상이어야 합니다.

참고로 교육 담당자의 다른 업무는 다음 주에 해도 된다는 승인을 받았습니다. 신입사원 실무교육은 오전 9시부터 오후 6시까지 점심시간 1시간을 제외하고 8시간을 해야 하며, 실무교육 담당자와 교육 일정을 정해서 관련 공문서를 본사 교육팀 김주임에게 메일로 보내주십시오. 감사합니다.

L사 본사 교육팀 장대리 드림
TEL) 02-1357-2468

〈본사 교육팀 메일 주소〉

구분	메일 주소
강부장	01247@lotte.net
양과장	05329@lotte.net
라과장	06225@lotte.net
장대리	13719@lotte.net
박대리	14816@lotte.net
김주임	15056@lotte.net
김사원	16814@lotte.net

21 교육 일정과 교육 담당자를 정한 귀하는 본사에 공문을 보내려 한다. 같은 팀 내 공문 담당자에게 본사에 보내야 될 내용과 담당자 메일 주소를 알려 줘야 할 때, 누구에게 어떤 메일 주소를 알려주어야 하는가?

① 최대리, 13719@lotte.net

② 최대리, 14816@lotte.net

③ 최대리, 15056@lotte.net

④ 박주임, 13719@lotte.net

⑤ 박주임, 15056@lotte.net

22 김대리는 신입사원 교육시간에 나누어 줄 간단한 다과를 준비해야 한다. 교육에 참여할 신입사원은 총 30명이고 1인당 크래커 2봉지, 쿠키 3봉지, 빵 1봉지, 주스 2캔, 물 1병씩을 제공하려고 한다. 다과의 종류별 금액이 다음과 같을 때 구입하는 데 필요한 금액은?(단, 크래커 1Box에는 20봉지가 들어있고, 쿠키 1Box에는 30봉지가 들어있다)

〈다과의 종류별 금액〉

구분	크래커(1Box)	쿠키(1Box)	빵(1봉지)	주스(1캔)	물(1병)
가격(원)	4,000	5,000	1,000	900	600

① 129,000원

② 139,000원

③ 149,000원

④ 159,000원

⑤ 169,000원

23 김대리는 협력업체인 P건설에서 기업 보안을 위한 상품 설명과 제안 상담을 받고 싶다는 내용의 전화를 받았다. 귀하가 담당자에게 연결해야 할 내선번호는?

① 1211
② 1212
③ 1213
④ 1214
⑤ 1215

24 김대리에게 상품 컨설팅을 받은 S제약 측에서 계약하고 싶다는 연락이 왔다. S제약은 김대리가 방문 가능한 날짜에 맞추어 계약하자는 제안을 했다. 김대리가 S제약 측에 통보해야 하는 계약날짜와 시간대는?(단, S제약에서 연락이 온 시점은 김대리가 방문한 다음 날 오후 5시이고 가능한 빠른 시일 내에 계약을 체결해야 한다)

① 3월 6일 오후
② 3월 7일 오전
③ 3월 7일 오후
④ 3월 8일 오전
⑤ 3월 8일 오후

※ 다음은 L사 홍보전략팀의 회의록이다. 이어지는 질문에 답하시오. **[25~28]**

〈회의록〉

부서 : 홍보전략팀 / 작성자 : I사원

회의 일시	2024. 12. 5.(목) AM 10:00
참석자	홍보전략팀 S차장, K과장, R대리, I사원, U사원
회의 장소	본관 3층 A회의실
회의 안건	1. 제2회 농・식품아이디어(TED) 경연대회 전체 기획 및 주제 확정 2. 홍보 전략 수립 3. 시상내역 및 비용 계산
회의 내용	1. 농・식품아이디어 경연대회 전체 기획 및 주제 확정 – 제1회 경연대회의 미흡했던 점 보강 – '농촌에 새로운 부가가치 창출 아이디어'를 주제로 확정 : 쌀 소비 활성화 방안, 6차 산업화, 귀농・귀촌 창업 등 세부 주제 결정 2. 홍보 전략 – 자사 홈페이지 활용 방안 – 전국 중앙 및 지역 농・축협에 홍보포스터 게시 : 협조 공문 발송 – 유명 사이트 배너광고 검토 3. 시상내역 및 비용 계산 – 시상부문 및 시상부문 상금 내역 책정 – 광고인쇄물 도안비 및 인쇄물 작성 금액 산정
결정사항 및 기한	• 제2회 TED 세부 주제 검토 및 확정(2024. 12. 30) • 전국 농・축협에 홍보 협조 공문 발송(2025. 1. 9) • 사내 아이디어 공모(2025. 1. 2 ~ 2025. 1. 5) • 광고인쇄물 발주(2025. 1. 11) • 광고 전략 수립 및 광고 샘플 작성(2025. 1. 8) • 홈페이지 및 전국 농・축협에 광고 게시(2025. 1. 20)
비고	• 다음 TED 기획 회의 : 본관 8층 Q회의실에서 예정 • 제1회 TED 경연대회 분석 자료 보고 지시

25 다음 중 회의록을 통해 알 수 있는 내용으로 적절하지 않은 것은?

ㄱ. 회의 장소
ㄴ. 회의 발언자
ㄷ. 회의 주제
ㄹ. 회의 참석자
ㅁ. 회의록 작성자
ㅂ. 회의 기획자
ㅅ. 협력 부서
ㅇ. 회의 시간

① ㄱ, ㄴ, ㅁ
② ㄴ, ㄹ, ㅂ
③ ㄴ, ㅂ, ㅅ
④ ㄷ, ㅅ, ㅇ
⑤ ㅂ, ㅅ, ㅇ

26 **다음 중 회의의 내용을 토대로 할 때 가장 먼저 해야 할 업무는?**

① 사내 인트라넷에 TED 홍보와 관련한 사내 아이디어를 공모한다.
② TED 기획 회의를 위해 본관 8층 Q회의실을 예약해둔다.
③ TED 세부 주제를 확정하기 위한 자료 조사 및 회의를 한다.
④ 전국 농·축협에 TED 홍보포스터의 게시를 요청하는 협조 공문을 발송한다.
⑤ 농·축협 홈페이지에 제2회 TED를 알리는 홍보물을 게시한다.

27 **다음은 K과장이 회의록을 검토한 다음 지시한 내용이다. 이에 따라 회의록을 다시 정리할 경우 적절하지 않은 내용은?**

I씨, 회의록 작성한 거 봤는데 회의록은 회의에 참석하지 않은 사람도 회의 내용을 한 눈에 알 수 있게 하는 게 좋아요. 우선 농·식품아이디어와 TED가 서로 중복되어 쓰이고 있으니 하나로 통일해주고, 결정사항에는 있는데 회의 내용에는 수록되지 않은 것이 있는 것 같으니 다시 한 번 확인해줘요. 그리고 결정사항은 기한 순으로 정리하는 게 더 보기 좋지 않겠어요? 또 다음 TED 기획 회의라는 표현보다 제1차, 제2차로 나누어서 회의 순서를 정해서 표시했으면 하고요. 또, 회의실 말고 시간도 정해진 걸로 아는데 이것도 다시 정리해 주세요.

① 농·식품아이디어와 TED의 명칭을 하나로 통일한다.
② 홍보 전략에 '유명 사이트 배너광고 검토' 항목을 삭제한다.
③ 결정사항을 기한별로 순서대로 정리한다.
④ 다음 TED 기획 회의를 제2차 농·식품아이디어 기획 회의로 수정하고, 회의 날짜와 시간을 추가한다.
⑤ 홍보 전략에 사원들을 대상으로 TED에 대한 홍보 아이디어를 공모하자는 내용을 추가한다.

28 **제2차 TED 기획 회의는 Q회의실에서 진행될 예정이다. Q회의실에는 원형 테이블이 있다. 이 테이블에 참석자 5명이 앉는 경우의 수는?**

① 4!가지
② $\frac{4!}{2}$가지
③ 5!가지
④ $\frac{5!}{2}$가지
⑤ 6!가지

※ 다음은 L그룹의 각종 업무 및 연수 일정에 대한 자료이다. 이어지는 질문에 답하시오. **[29~32]**

구분		업무내용
경영기획부문	경영기획팀	• 사업 및 운영계획의 수립, 조정 및 심의에 관한 사항 • 직제 및 정원(해외조직망 현지직원 포함)에 관한 사항 • 법, 시행령 및 제 규정의 제정, 운영, 개폐에 관한 사항 • 대내외 업무보고 및 대 국회, 정부 업무에 관한 사항 • 경영공시에 관한 사항 • 팀 장회의 및 간부회의에 관한 사항 • 경영효율 개선에 관한 사항 • 외부 컨설팅 용역 총괄 심의에 관한 사항
	경영관리팀	• 중장기 경영전략, 계획, 경영목표(사장경영목표 포함)의 수립, 조정 및 이행평가에 관한 사항 • 사장 및 상임이사 경영계약 및 이행실적 평가에 관한 사항 • 경영평가 지표 설정 및 개선에 관한 사항 • 본사 내부평가제도 운영 및 개선에 관한 사항 • 경영평가지표와 관련된 팀별 목표개발, 설정 및 추진에 관한 사항 • 경영관리 부문의 정보화 계획 수립 지원에 관한 사항
경영지원부문	예산팀	• 예산 편성 및 조정, 배정에 관한 사항 • 자금계획의 수립 및 조정에 관한 사항 • 예산 및 자금집행 결과의 분석에 관한 사항 • 사업수익의 책정, 조정 및 효과 분석에 관한 사항 • 예산조달계획의 수립, 조정에 관한 사항 • 중장기 재무계획의 수립에 관한 사항 • 예산성과금제도 운영에 관한 사항 • 본부 및 실내 예산 및 운영계획에 관한 사항
	총무팀	• 조직문화 개선 및 조직활성화에 관한 사항 • 본사 사옥 시설관리 및 개선에 관한 사항 • 국내 근무직원의 복리후생(사내 근로복지기금 관리 포함) 및 보건에 관한 사항 • 행사, 의식 및 섭외에 관한 사항(단, 타 부서 주관 행사는 제외) • 공사, 구매 및 임차, 용역 등 계약에 관한 사항(단, 5백만 원 이하는 제외. 다만, 박람회 또는 전시회의 설계계약 등 업무의 성격상 타 부서에서 수행해야 할 필요가 있다고 인정되는 사항은 예외로 한다) • 소모품 구입, 출납에 관한 사항(단, 1백만 원 이하는 제외) • 국내의 토지, 건물의 구입, 관리 및 처분에 관한 사항 • 국내의 차량 및 비품의 구입, 임차, 수리, 처분 및 관리에 관한 사항
	재무팀	• 재무제표 작성 및 결산에 관한 사항 • 전표작성, 회계장부의 기록, 보관에 관한 사항 • 자금의 운용에 관한 사항 • 현금, 예금 및 유가증권의 출납, 보관에 관한 사항 • 회계 관계 증빙서류의 정리, 보관에 관한 사항 • 부가가치세, 법인세의 신고, 납부에 관한 사항 • 원천징수 제세금 납부에 관한 사항 • 재직자 연말정산에 관한 사항(단, 12월 퇴직자 연말정산에 관한 사항 포함) • 기타 회계처리 및 출납에 관한 사항
대외협력실		• 유관기관의 통상정책 수립 지원을 위한 정보조사에 관한 사항 • 통상이슈에 대한 자료발간, 설명회 개최 등 통상정보 전파에 관한 사항 • 통상압력 및 현지 애로사항 사전 파악, 대응방안 수립에 관한 사항 • 통상관련 해외 현지 업종별 단체 및 유관기관 등과 네트워크 구축에 관한 사항 • 대외업무 총괄, 조정에 관한 사항 • 대외문서 발송에 관한 사항

인재경영실	• 직원의 임면, 전보, 승진, 상벌, 강임, 휴직 및 복직에 관한 사항 • 직원의 근무평정, 교육평정, 이력 및 인사기록 유지에 관한 사항 • 인사위원회 운영에 관한 사항 • 인력수급 및 인사제도의 연구개발에 관한 사항 • 임직원 급여 및 퇴직금에 관한 사항 • 원천세 및 4대 보험료의 징수, 신고, 납부에 관한 사항 • 근로소득, 퇴직소득의 원천징수 및 퇴직자 연말정산에 관한 사항 • 국내외간 부임 및 출장에 관한 사항 • 인사에 관한 제 증명 발급에 관한 사항 • 직원의 근태관리에 관한 사항 • 직원 교육훈련 및 능력 개발계획의 수립, 피교육자의 선발, 시행 평가 및 실적관리에 관한 사항
커뮤니케이션실	• 국내외 홍보에 관한 계획 수립 및 시행에 관한 사항 • 홍보물 제작에 관한 사항 • 국내외 언론인의 취재지원에 관한 사항 • 국내외 홍보간행물 발간을 위한 사진촬영, 제작에 관한 사항 • 각종 회의실 영상기자재 운영 및 관리에 관한 사항 • 기타 홍보활동에 필요한 사진촬영, 제작에 관한 사항 • CI 관리에 관한 사항

〈경영지원부문 주말 대기 근무 규정〉

• 예산팀, 총무팀, 재무팀은 순차적으로 근무를 실시한다.
• 주말 근무 후에는 차주 월요일(토요일 근무 시) 및 화요일(일요일 근무 시)을 휴무한다.
• 같은 주에는 연속으로 근무할 수 없다.
• 주말 근무 예정자가 사정상 근무가 어려울 경우, 해당 주에 휴무이거나 근무가 없는 팀원과 대체한다.

〈L그룹 직원 복지카드 혜택〉

구분	세부 내용
교통	대중교통(지하철, 버스) 10% 할인, 택시 20% 할인
의료	각종 병원 5% 할인(동물병원 포함)
쇼핑	의류, 가구, 도서 구매 5% 할인
문화	영화관 최대 6천 원 할인

〈L그룹 인재개발원 식사 지원 사항〉

구분	단가(원)
정식	9,000
일품	8,000
스파게티	7,000
비빔밥	5,000
낙지덮밥	6,000

• 식사 시간 : 조식 – 08:00 ~ 09:00 / 중식 – 12:00 ~ 13:00 / 석식 – 18:00 ~ 19:00
• 조리 시간 단축 및 효율적인 식당 운영을 위해 인재개발원 도착 후 첫 식사인 점심은 정식, 수료일 마지막 식사인 아침은 일품으로 통일
• 나머지 식사는 정식과 일품을 제외한 메뉴 중 자유 선택 가능

29 대외협력실에서 근무하는 김대리는 A국회의원 보좌관으로부터 다음과 같은 메일을 전달받은 후, 자료를 얻고자 한다. 자료를 획득하기 위해 협조해야 할 부서는?

발신 : A의원실 B보좌관
수신 : L그룹 대외협력실 실무 담당자
제목 : 국정감사 관련 업무 협조 요청
안녕하십니까, 저는 A의원 보좌관 B입니다. 다름이 아니라 정보통신 분야 국정감사에 활용하고자 귀사의 당 회계연도 경영실적 자료와 경영전략 수립을 위한 외부 컨설팅 현황에 대한 자료를 획득하고자 합니다. 협조해 주신 자료는 국정감사 통계자료 외의 어떠한 목적으로도 유출 또는 반출하지 않을 것을 약속드립니다. 정보통신 분야의 정책 개선을 통해 보다 효율적인 기업 운영이 될 수 있도록 하고자 함이니, 적극 협조해 주시길 바랍니다. 자세한 내용은 A의원실 전화번호 02-000-0000으로 연락 주시면 상세히 설명해 드리겠습니다. 귀사의 무궁한 발전을 기원합니다.

① 경영관리팀
② 경영기획팀
③ 재무팀
④ 총무팀
⑤ 커뮤니케이션실

30 다음은 모처럼 휴일을 맞은 김대리의 일과에 대한 내용이다. ㉠~㉤ 중 L그룹 직원 복지카드 혜택을 받을 수 없는 행동을 모두 고르면?

〈김대리의 휴일 일과〉

김대리는 친구와 백화점에서 만나 쇼핑을 하기로 약속했다. 집에서 ㉠ 지하철을 타고 약 20분이 걸려 백화점에 도착한 김대리는 어머니 생신 선물로 ㉡ 화장품 세트를 구매한 후, 동생의 결혼 선물로 줄 ㉢ 침구류를 구매하였다. 쇼핑이 끝나고 ㉣ 택시를 타고 집에 돌아와 반려견 '돌이'의 예방접종을 위해 ㉤ ○○ 동물병원에 가서 진료를 받았다.

① ㉠, ㉡, ㉣
② ㉡, ㉢
③ ㉠, ㉡, ㉢
④ ㉢, ㉤
⑤ ㉢, ㉣, ㉤

31 총무팀에서 주말 대기 근무를 편성하는 김대리는 아래와 같이 근무표 초안을 작성하고, 이를 토대로 대체근무자를 미리 반영하려고 한다. 다음 중 김대리가 반영한 인원으로 적절하지 않은 것은?

〈10월 경영지원부문 주말 근무표〉

구분	1주 차		2주 차		3주 차		4주 차	
	5일(토)	6일(일)	12일(토)	13일(일)	19일(토)	20일(일)	26일(토)	27일(일)
근무부서	예산팀	총무팀	재무팀	예산팀	총무팀	재무팀	예산팀	총무팀

〈근무 대상자 명단〉

- 예산팀 : 갑(팀장), 을, 병, 정, 무, 기
- 총무팀 : A(팀장), B, C, D, E, F
- 재무팀 : 가(팀장), 나, 다, 라, 마, 바

	휴무예정일	휴무자	사유	대체근무자	대체근무일
①	5일(토)	병	가족여행	다	12일(토)
②	12일(토)	나	지인 결혼식	B	27일(일)
③	19일(토)	C	건강 검진	정	13일(일)
④	20일(일)	라	가족여행	기	26일(토)
⑤	27일(일)	F	개인 사정	바	12일(토)

32 L그룹 인재경영실에서 근무하는 김대리는 2박 3일간 실시하는 신입사원 연수에 관한 예산안을 작성해야 한다. 신입사원 연수 계획의 일부가 다음과 같을 때 김대리가 편성할 수 있는 식사 예산의 최대 금액은?

〈신입사원 연수에 관한 사항〉

- 기간 : 2024년 4월 16일(화) ~ 18일(목)
- 장소 : L그룹 인재개발원
- 연수 대상(총원) : 50명
- 식사 : 인재개발원 식당
- 비고 : 연수 대상 중 15명은 4월 17일(수) 오전 7시에 후발대로 인재개발원 도착

① 1,820,000원
② 1,970,000원
③ 2,010,000원
④ 2,025,000원
⑤ 2,070,000원

※ 다음은 L회사에서 교육 중에 나눠준 계약서에 대한 설명이다. 이어지는 질문에 답하시오. [33~36]

계약서란 계약의 당사자 간의 의사표시에 따른 법률행위인 계약 내용을 문서화한 것으로 당사자 사이의 권리와 의무 등 법률관계를 규율하고 의사표시 내용을 항목별로 구분한 후, 구체적으로 명시하여 어떠한 법률 행위를 어떻게 ㉠ 하려고 하는지 등의 내용을 특정한 문서이다. 계약서의 작성은 미래에 계약에 관한 분쟁 발생 시 중요한 증빙자료가 된다.
계약서의 종류를 살펴보면, 먼저 임대차계약서는 임대인 소유의 부동산을 임차인에게 임대하고, 임차인은 이에 대한 약정을 합의하는 내용을 담고 있다. 임대차는 당사자의 한쪽이 상대방에게 목적물을 사용·수익하게 할 수 있도록 약정하고, 상대방이 이에 대하여 차임을 지급할 것을 ㉡ 약정함으로써 그 효력이 생긴다. 부동산 임대차의 경우 목적 부동산의 전세, 월세에 대한 임차보증금 및 월세를 지급할 것을 내용으로 하는 계약이 여기에 해당하며, 임대차계약서는 주택 등 집합건물의 임대차계약을 작성하는 경우에 사용되는 계약서이다. 주택 또는 상가의 임대차계약은 민법에 대한 특례를 규정한 주택임대차보호법 및 상가건물 임대차보호법의 적용을 받으며, 이 법의 적용을 받지 않은 임대차에 관하여는 민법상의 임대차 규정을 적용하고 있다.
다음으로 근로계약서는 근로자가 회사(근로기준법에서는 '사용자'라고 함)의 지시 또는 관리에 따라 일을 하고 이에 대한 ㉢ 댓가로 회사가 임금을 지급하기로 한 내용의 계약서로 유상·쌍무계약을 말한다. 근로자와 사용자의 근로관계는 서로 동등한 지위에서 자유의사에 의하여 결정한 계약에 의하여 성립한다. 이러한 근로관계의 성립은 구술에 의하여 약정되기도 하지만 통상적으로 근로계약서 작성에 의하여 행해지고 있다.
마지막으로 부동산 매매계약서는 당사자가 계약 목적물을 매매할 것을 합의하고, 매수인이 매도자에게 매매 대금을 지급할 것을 약정함으로 인해 그 효력이 발생한다. 부동산 매매계약서는 부동산을 사고, 팔기 위하여 매도인과 매수인이 약정하는 계약서로 매매대금 및 지급시기, 소유권 이전, 제한권 소멸, 제세공과금, 부동산의 인도, 계약의 해제에 관한 사항 등을 약정하여 교환하는 문서이다. 부동산거래는 상황에 따라 다양한 매매조건이 ㉣ 수반되기 때문에 획일적인 계약내용 외에 별도 사항을 기재하는 수가 많으므로 계약서에 서명하기 전에 계약내용을 잘 확인하여야 한다.
이처럼 계약서는 계약의 권리와 의무의 발생, 변경, 소멸 등을 도모하는 중요한 문서로 계약서를 작성할 때에는 신중하고 냉철하게 판단한 후, 권리자와 의무자의 관계, 목적물이나 권리의 행사방법 등을 명확하게 전달할 수 있도록 육하원칙에 따라 간결하고 명료하게 그리고 정확하고 ㉤ 평이하게 작성해야 한다.

33 다음 중 윗글의 내용으로 적절하지 않은 것은?

① 계약 체결 이후 관련 분쟁이 발생할 경우 계약서가 중요한 증빙자료가 될 수 있다.
② 주택 또는 상가의 임대차계약은 민법상의 임대차규정의 적용을 받는다.
③ 근로계약을 통해 근로자와 사용자가 동등한 지위의 근로관계를 성립한다.
④ 부동산 매매계약서는 획일적인 계약내용 외에 별도 사항을 기재하기도 한다.
⑤ 계약서를 작성할 때는 간결·명료하고 정확한 표현을 사용하여야 한다.

34 윗글의 밑줄 친 ㉠~㉤ 중 맞춤법이 잘못된 것은?

① ㉠
② ㉡
③ ㉢
④ ㉣
⑤ ㉤

35 영업팀의 A~E사원 5명은 교육 참여로 인해 L호텔에 투숙하게 되었다. A~E사원이 서로 다른 층에 묵는다고 할 때, 다음 〈조건〉에 따라 바르게 추론한 것은?(단, L호텔은 5층 건물이다)

〈조건〉

- A사원은 2층에 묵는다.
- B사원은 A사원보다 높은 층에 묵지만, C사원보다는 낮은 층에 묵는다.
- D사원은 C사원 바로 아래층에 묵는다.

① E사원은 1층에 묵는다.
② B사원은 4층에 묵는다.
③ E사원은 가장 높은 층에 묵는다.
④ C사원은 D사원보다 높은 층에 묵지만, E사원보다는 낮은 층에 묵는다.
⑤ 가장 높은 층에 묵는 사람은 알 수 없다.

36 영업팀 사원 A와 B가 함께 호텔에서 나와 교육장을 향해 150m/min의 속력으로 가고 있다. 30분 정도 걸었을 때, A사원은 호텔에 두고 온 중요한 서류를 가지러 300m/min의 속력으로 호텔에 갔다가 같은 속력으로 다시 교육장을 향해 뛰어간다고 한다. B사원은 처음 속력 그대로 20분 뒤에 교육장에 도착했을 때, A사원은 B사원이 교육장에 도착하고 나서 몇 분 후에 회사에 도착하는가?

① 20분
② 25분
③ 30분
④ 35분
⑤ 40분

※ 다음은 A사원이 신제품 개발 회의에 앞서 준비한 자료이다. 이어지는 질문에 답하시오. [37~40]

최근 컴퓨터로 하여금 사람의 신체 움직임을 3차원적으로 인지하게 하여, 이 정보를 기반으로 인간과 컴퓨터가 상호작용하는 다양한 방법들이 연구되고 있다. 리모컨 없이 손짓으로 TV 채널을 바꾼다거나 몸짓을 통해 게임 속 아바타를 조종하는 것 등이 바로 그것이다. 이때 컴퓨터가 인지하고자 하는 대상이 3차원 공간 좌표에서 얼마나 멀리 있는지에 대한 정보가 필수적인데 이를 '깊이 정보'라고 한다.
깊이 정보를 획득하는 방법으로 우선 수동적 깊이 센서 방식이 있다. 이는 사람이 양쪽 눈에 보이는 서로 다른 시각 정보를 결합하여 3차원 공간을 인식하는 것과 비슷한 방식으로, 두 대의 카메라로 촬영하여 획득한 2차원 영상에서 깊이 정보를 추출하는 것이다. 하지만 이 방식은 두 개의 영상을 동시에 처리해야 하므로 시간이 많이 걸리고, 또한 한쪽 카메라에는 보이지만 다른 카메라에는 보이지 않는 부분에 대해서는 정확한 깊이 정보를 얻기 어렵다. 두 카메라가 동일한 수평선상에 정렬되어 있어야 하고, 카메라의 광축도 평행을 이루어야 한다는 제약 조건도 따른다.
그래서 최근에는 능동적 깊이센서 방식인 TOF(Time of Flight) 카메라를 통해 깊이 정보를 직접 획득하는 방법이 주목받고 있다. TOF 카메라는 LED로 적외선 빛을 발사하고, 그 신호가 물체에 반사되어 돌아오는 시간차를 계산하여 거리를 측정한다. 한 대의 TOF 카메라가 1초에 수십 번 빛을 발사하고 수신하는 것을 반복하면서 밝기 또는 색상으로 표현된 동영상 형태로 깊이 정보를 출력한다.
㉠ TOF 카메라는 기본적으로 '빛을 발사하는 조명'과 '대상에서 반사되어 돌아오는 빛을 수집하는 두 개의 센서'로 구성된다. 그중 한 센서는 빛이 발사되는 동안만, 나머지 센서는 빛이 발사되지 않는 동안만 활성화된다. 전자는 A센서, 후자는 B센서라고 할 때 TOF 카메라가 깊이 정보를 획득하는 기본적인 과정은 다음과 같다. 먼저 조명이 켜지면서 빛이 발사된다. 동시에 대상에서 반사된 빛을 수집하기 위해 A센서도 켜진다. 일정 시간 후 조명이 꺼지면 A센서도 꺼진다. 조명과 A센서가 꺼지는 시점에 B센서가 켜진다. 만약 카메라와 대상 사이가 멀어서 반사된 빛이 돌아오는 데 시간이 걸려 A센서가 활성화되어 있는 동안에 A센서로 다 들어오지 못하면 나머지 빛은 B센서에 담기게 된다. 결국 대상에서 반사된 빛이 A센서와 B센서로 나뉘어 담기게 되는데 이러한 과정이 반복되면서 대상과 카메라 사이가 가까울수록 A센서에 누적되는 양이 많아지고, 멀수록 B센서에 누적되는 양이 많아진다. 이렇게 A, B 각 센서에 누적되는 반사광의 양의 차이를 통해 깊이 정보를 얻을 수 있는 것이다.
TOF 카메라도 한계가 없는 것은 아니다. 적외선을 사용하기 때문에 태양광이 있는 곳에서는 사용하기 어렵고, 보통 10m 이내로 촬영 범위가 제한된다. 하지만 실시간으로 빠르고 정확하게 깊이 정보를 추출할 수 있기 때문에 다양한 분야에서 응용되고 있다.

37 윗글의 내용으로 적절하지 않은 것은?

① 능동적 깊이 센서 방식은 실시간으로 깊이 정보를 제공해 준다.
② 능동적 깊이 센서 방식은 한 대의 카메라로 깊이 정보를 측정할 수 있다.
③ 수동적 깊이 센서 방식은 사람이 3차원 공간을 인식하는 방법과 유사하다.
④ 수동적 깊이 센서 방식은 두 대의 카메라가 대상을 앞과 뒤에서 촬영하여 깊이 정보를 측정한다.
⑤ 컴퓨터가 대상을 3차원적으로 인지하기 위해서는 깊이 정보가 필요하다.

38 윗글을 읽은 회의 참여자가 ㉠에 대해 이해한 내용으로 적절한 것은?

① 대상의 깊이 정보를 수치로 표현하겠군.
② 햇빛이 비치는 밝은 실외에서 더 유용하겠군.
③ 빛 흡수율이 높은 대상일수록 깊이 정보 획득이 용이하겠군.
④ 손이나 몸의 상하좌우뿐만 아니라 앞뒤 움직임도 인지하겠군.
⑤ 사물이 멀리 있을수록 깊이 정보를 더욱 정확하게 측정하겠군.

39 A사원은 항상 발표가 두려웠고 극복하기 위해 자료조사를 철저히 하며 노력한다. A사원을 격려하기 위해 사용할 수 있는 한자성어로 적절한 것은?

① 안빈낙도
② 호가호위
③ 각주구검
④ 우공이산
⑤ 사면초가

40 A사원은 다음 〈조건〉에 따라 회의준비를 해야 한다. 다음 A, B의 결론에 대한 판단으로 항상 옳은 것은?

〈조건〉

- 회의장을 세팅하는 사람은 회의록을 작성하지 않는다.
- 회의에 쓰일 자료를 복사하는 사람은 자료 준비에 참여한 것이다.
- 자료 준비에 참여하는 사람은 회의장 세팅에 참여하지 않는다.
- 자료 준비를 하는 사람은 회의 중 회의록을 작성한다.

A : 회의록을 작성하지 않으면 회의 자료를 복사하지 않는다.
B : 회의장을 세팅하면 회의 자료를 복사한다.

① A만 옳다.
② B만 옳다.
③ A, B 모두 옳다.
④ A, B 모두 틀리다.
⑤ A, B 모두 옳은지 틀린지 판단할 수 없다.

4일 차
기출응용 모의고사

〈시험 개요 및 시간〉

롯데그룹 L-TAB 온라인 직무적합진단	
개요	시간
• 실제 업무 상황처럼 구현된 Outlook 메일함 / 자료실 환경에서 이메일 및 메신저 등으로 전달된 다수의 과제 수행 • 문항에 따라 객관식, 주관식, 자료 첨부 등 다양한 형태의 답변이 가능 • 문항 수 구분은 없으나 대략적으로 30 ~ 40문제 수준의 문항 수가 주어짐	3시간 (사전준비 1시간 포함)

롯데그룹 L-TAB 온라인 직무적합진단

4일 차 기출응용 모의고사

문항 수 : 40문항
시험시간 : 120분

※ 다음은 L사의 프로젝트 목록이다. 이어지는 질문에 답하시오. **[1~4]**

〈프로젝트별 진행 세부사항〉

구분	필요인원(명)	소요기간(개월)	기간	1인당 인건비(만 원)	진행비(만 원)
A프로젝트	46	1	2월	130	20,000
B프로젝트	42	4	2 ~ 5월	550	3,000
C프로젝트	24	2	3 ~ 4월	290	15,000
D프로젝트	50	3	5 ~ 7월	430	2,800
E프로젝트	15	3	7 ~ 9월	400	16,200

※ 1인당 인건비는 프로젝트가 끝날 때까지의 1인당 총인건비를 말함

01 모든 프로젝트를 완료하기 위해 필요한 최소 인원은?(단, 프로젝트 참여자는 하나의 프로젝트를 끝내면 다른 프로젝트에 참여한다)

① 50명
② 65명
③ 92명
④ 107명
⑤ 117명

02 다음 중 L사의 A ~ E프로젝트를 인건비가 가장 적게 드는 순으로 나열하면?

① A – C – E – D – B
② A – E – C – B – D
③ A – E – C – D – B
④ E – A – C – B – D
⑤ E – C – A – D – B

03 L사는 인건비와 진행비를 합산하여 프로젝트 비용을 산정하려고 한다. A ~ E프로젝트 중 총비용이 가장 적게 드는 것은?

① A프로젝트
② B프로젝트
③ C프로젝트
④ D프로젝트
⑤ E프로젝트

04 L사는 프로젝트 참여인원 중 일부에게 〈조건〉에 따라 휴가를 제공했다. 제시된 내용을 바탕으로 내린 A, B의 결론에 대한 판단으로 항상 옳은 것은?

〈조건〉

- L사의 직원 A, B, C, D의 휴가 기간은 3일이고, 주말은 휴가 일수에 포함되지 않는다.
- A는 B보다 하루 일찍 휴가를 떠난다.
- C는 B보다 이틀 늦게 휴가를 떠난다.
- D는 C보다 하루 일찍 휴가를 떠난다.
- B는 화요일에 휴가를 떠난다.

A : C는 금요일까지 휴가이다.
B : D는 금요일까지 휴가이다.

① A만 옳다.
② B만 옳다.
③ A, B 모두 옳다.
④ A, B 모두 틀리다.
⑤ A, B 모두 옳은지 틀린지 판단할 수 없다.

※ L회사의 해외영업팀은 팀 전체가 해외출장을 앞두고 있다. 해외출장에 앞서 총책임을 맡은 A팀장은 유의사항을 확인하기 위해 위기상황별 대처매뉴얼을 찾아보았다. 이어지는 질문에 답하시오. **[5~8]**

〈위기상황별 대처매뉴얼〉

■ **영사콜센터** – 24시간 연중무휴

• 이용방법
– 국내 : 02)3210-0404(유료)
– 해외 : +822-3210-0404(유료)

• 상담내용
우리 국민 해외 사건·사고 접수, 신속해외송금지원제도 안내, 가까운 재외공관 연락처 안내 등 전반적인 영사 민원 상담

■ **도난·분실 시**

• 재외공관(대사관 혹은 총영사관)에서 사건 관할 경찰서의 연락처와 신고방법 및 유의사항을 안내받습니다.
• 의사소통의 문제로 어려움을 겪을 경우, 통역 선임을 위한 정보를 제공받습니다.
• 여권 분실
– 여권을 분실한 경우, 가까운 현지 경찰서를 찾아가 여권 분실 증명서를 만듭니다. 재외공관에 분실 증명서, 사진 2장(여권용 컬러사진), 여권번호, 여권발행일 등을 기재한 서류를 제출합니다. 급히 귀국해야 할 경우 여행 증명서를 발급받습니다.
※ 여권 분실에 대비해 여행 전 여권을 복사해두거나, 여권번호, 발행 연월일, 여행지 우리 공관 주소 및 연락처 등을 메모해 둡니다. 단, 여권을 분실했을 경우 해당 여권이 위·변조되어 악용될 수 있다는 점에 유의바랍니다.
• 현금 및 수표 분실
– 여행 경비를 분실·도난당한 경우, 신속해외송금지원제도를 이용합니다(재외공관 혹은 영사콜센터 문의).
– 여행자 수표를 분실한 경우, 경찰서에 바로 신고한 후 분실 증명서를 발급받습니다.
• 항공권 분실
– 항공권을 분실한 경우, 해당 항공사의 현지 사무실에 신고하고, 항공권 번호를 알려줍니다.
※ 분실에 대비해 항공권 번호가 찍혀 있는 부분을 미리 복사해 두고, 구매한 여행사의 연락처도 메모해둡니다.
• 수하물 분실
– 수하물을 분실한 경우, 화물인수증(Claim Tag)을 해당 항공사 직원에게 제시하고, 분실 신고서를 작성합니다. 공항에서 짐을 찾을 수 없게 되면, 항공사에서 책임지고 배상합니다.
※ 현지에서 여행 중에 물품을 분실한 경우 현지 경찰서에 잃어버린 물건에 대해 신고를 하고, 해외여행자 보험에 가입한 경우 현지 경찰서로부터 도난 신고서를 발급받은 뒤, 귀국 후 해당 보험회사에 청구합니다.

05 **다음 중 A팀장이 해외 출장 전 팀원들에게 당부할 내용으로 적절하지 않은 것은?**

① 수하물을 분실했을 때 화물인수증이 없어도 해당 항공사 직원에게 항공권을 보여주면 항공사에서 책임지고 배상해주니 걱정하지 마세요.
② 여권 분실에 대비해서 여행 전 여권을 복사해둬야 합니다.
③ 여행 경비를 분실·도난당한 경우에 신속해외송금지원제도를 이용할 수 있으니 바로 제게 말씀해주시기 바랍니다.
④ 항공권을 분실할 경우를 대비해 항공권 번호가 있는 부분을 일괄적으로 모두 복사할 예정입니다.
⑤ 영사콜센터는 24시간 연중무휴로 운영되니 위급상황 시 주저하지 말고 전화하세요.

06 A팀장은 위기상황별 대처매뉴얼을 기반으로 유인물을 만들어 팀원들에게 나눠주었다. 다음 중 팀원들의 질문에 대한 A팀장의 대답으로 적절하지 않은 것은?

① B대리 : 만약 여권을 분실했는데 그 사실을 한국으로 돌아가기 전날 알았다면 어떻게 하죠?
A팀장 : 급히 귀국해야 하는 경우이니 여행 증명서를 발급받으면 됩니다.

② E사원 : 현지에서 잃어버린 물품에 대해 가입한 해외여행자 보험사에 청구하려 할 때는 어떤 서류가 필요한가요?
A팀장 : 현지 경찰서로부터 도난 신고서를 발급받으면 자동으로 해당 보험회사에 정보가 넘어가니 따로 제출할 서류는 없습니다.

③ D주임 : 여행자 수표를 분실했을 때는 어떻게 해야 하나요?
A팀장 : 경찰서에 바로 신고한 후 분실 증명서를 발급받습니다.

④ C사원 : 여행 경비를 강도에게 빼기고 당장 쓸 돈이 한 푼도 없다면 어떻게 하나요?
A팀장 : 영사관에서 제공하는 신속해외송금지원제도를 이용하면 됩니다. 재외공관이나 영사콜센터에 문의하면 자세히 가르쳐 줍니다.

⑤ F사원 : 영사콜센터는 무료로 이용 가능한가요?
A팀장 : 영사콜센터는 유료이며 우리 국민의 해외 사건·사고 접수, 가까운 재외공관 연락처 안내, 신속해외송금지원제도 안내 등 전반적인 영사민원을 상담하고 있습니다.

07 비행기가 순항 중일 때에는 860km/h의 속력으로 날아가고, 기상이 악화되면 40km/h의 속력이 줄어든다. 해외출장 시 3시간 30분을 비행하는데 15분 동안 기상이 악화되었다면 날아간 총거리는?

① 2,850km
② 2,900km
③ 2,950km
④ 3,000km
⑤ 3,050km

08 해외출장지에 도착한 A팀장은 가방에 넣었던 여권이 보이지 않자 도난 상황임을 짐작하고 경찰서에 신고하였다. 하지만 어이없게도 여권은 A팀장의 주머니에서 발견되었다. 이 상황을 나타낸 한자성어로 가장 적절한 것은?

① 누란지위
② 등하불명
③ 수구초심
④ 조족지혈
⑤ 지란지교

※ L회사의 컴퓨터기기 유지 및 보수 업무를 담당하는 Y사원은 A ~ C 세 부서에서 받은 컴퓨터 점검 및 수리 요청 내역과 수리요금표를 다음과 같이 정리하였다. 이어지는 질문에 답하시오. **[9~12]**

〈점검 · 수리 요청 내역〉

구분	수리 요청 내역	요청인원(명)	비고
A부서	RAM 8GB 교체	12	• 요청인원 중 3명은 교체 및 1개 더 추가설치 희망
	SSD 250GB 추가 설치	5	–
	프로그램 설치	20	• 문서작성 프로그램 : 10명 • 3D그래픽 프로그램 : 10명
B부서	HDD 1TB 교체	4	• 요청인원 모두 교체 시 HDD 백업 희망
	HDD 포맷 · 배드섹터 수리	15	–
	바이러스 치료 및 백신 설치	6	–
C부서	외장 VGA 설치	1	–
	HDD 데이터 복구	1	• 원인 : 하드웨어적 증상 • 복구용량 : 270GB
	운영체제 설치	4	• 회사에 미사용 정품 설치 USB 보유

※ HDD 데이터 복구의 경우 서비스센터로 PC를 가져가 진행함

〈수리요금표〉

구분	수리 내역		서비스비용(원)	비고
H/W	교체 및 설치	RAM(8GB)	8,000	부품비용 : 96,000원
		HDD(1TB)	8,000	부품비용 : 50,000원
		SSD(250GB)	9,000	부품비용 : 110,000원
		VGA(포스 1060i)	10,000	부품비용 : 300,000원
	HDD 포맷 · 배드섹터 수리		10,000	–
	HDD 백업		100,000	–
S/W	프로그램 설치		6,000	그래픽 관련 프로그램 설치 시 개당 추가 1,000원의 비용 발생
	바이러스 치료 및 백신 설치		10,000	–
	운영체제 설치		15,000	정품 미보유 시 정품 설치 USB 개당 100,000원의 비용 발생
	드라이버 설치		7,000	–
데이터 복구	하드웨어적 원인(~ 160GB)		160,000	초과용량의 경우 1GB당 5,000원의 비용 발생
	소프트웨어적 원인		180,000	–

※ 프로그램 · 드라이버 설치 서비스비용은 개당 비용임

※ H/W를 교체 · 설치하는 경우 수리요금은 서비스비용과 부품비용을 합산하여 청구함

※ 하나의 PC에 같은 부품을 여러 개 교체 · 설치하는 경우 부품의 개수만큼 서비스비용이 발생함

09 A부서의 수리 요청 내역과 수리요금이 바르게 짝지어진 것은?

	수리 요청 내역	수리요금
①	RAM 8GB 교체	1,248,000원
②	RAM 8GB 교체	1,560,000원
③	SSD 250GB 추가설치	575,000원
④	프로그램 설치	120,000원
⑤	프로그램 설치	131,000원

10 B부서의 요청 내역을 모두 진행했을 때, B부서에 청구되어야 할 수리요금으로 적절한 것은?

① 742,000원
② 778,000원
③ 806,000원
④ 842,000원
⑤ 888,000원

11 HDD 데이터 복구를 요청한 C부서의 U과장이 Y사원에게 PC를 며칠 후에 받을 수 있는지를 물었다. 다음을 참고할 때, Y사원이 U과장에게 안내할 기간은?

〈데이터 복구 관련 안내문〉

- 복구 전 진단을 시행하며, 이때 소요되는 시간은 2시간입니다.
- 시간당 데이터 복구량은 7.5GB입니다.
- 수리를 마친 다음 날 직접 배송해드립니다.

① 1일
② 2일
③ 3일
④ 4일
⑤ 5일

12 Y사원은 HDD 데이터 복구를 위해 회사에서 2km 떨어진 거리의 서비스센터에 갔다. 처음에는 80m/min의 속력으로 걷다가 늦을 것 같아 속력을 두 배로 올렸더니 총 20분이 걸렸다. 80m/min의 속력으로 걸은 거리는?

① 600m
② 800m
③ 1,000m
④ 1,200m
⑤ 1,400m

※ L사 인사팀에 근무하고 있는 C대리는 A사원과 B차장의 승진심사를 위해 다음과 같이 표를 작성하였다. 이어지는 질문에 답하시오. **[13~16]**

〈승진심사 점수표〉

(단위 : 점)

소속	직급	업무			업무평점	능력	태도	승진심사 평점
		업무실적	개인평가	조직기여도				
총무팀	A사원	86	70	80		80	60	
자산팀	B차장	80	85	90		77	85	85

※ 승진심사 평점은 업무평점 80%, 능력 10%, 태도 10%로 계산함

※ 승진심사 평점이 80점 이상이면 승진임

※ 업무평점은 직급에 따라 다음과 같은 식으로 계산됨

직급에 따른 업무항목별 ㉠ <u>계산</u> 기준

– 사원 ~ 대리 : (업무실적)×0.5+(개인평가)×0.3+(조직기여도)×0.2

– 과장 ~ 부장 : (업무실적)×0.3+(개인평가)×0.2+(조직기여도)×0.5

13 B차장의 업무평점으로 옳은 것은?

① 78점
② 80점
③ 83점
④ 86점
⑤ 89점

14 A사원의 승진심사 평점으로 옳은 것은?

① 65점
② 70점
③ 78점
④ 82점
⑤ 84점

15 다음 중 ㉠과 같은 의미로 쓰인 것은?

① B대리는 오늘 지출한 총 매출과 비용을 <u>계산</u>해보았다.
② A사원은 법인카드로 점심식사를 <u>계산</u>했다.
③ 그는 <u>계산</u>에 밝은 편이야.
④ 계획을 세울 때에는 뜻하지 않은 일도 <u>계산</u>해두는 게 좋지.
⑤ C차장은 이것저것 <u>계산</u>하지 않고 한 길만 고집하는 우직한 사람이야.

16 A사원의 승진심사 결과 이후 가져야 할 마음가짐으로 가장 적절한 것은?

① 각골통한
② 비분강개
③ 원철골수
④ 교아절치
⑤ 절차탁마

※ L사 영업팀 직원 A～G 7명은 연수원으로 워크숍을 가게 되었다. 연수원 1층에 방 3개, 2층에 방 2개를 빌렸고 방 배정기준은 다음과 같다. 이어지는 질문에 답하시오. [17~20]

〈연수원 방 배정기준〉

- 1인용 방은 꼭 혼자 사용해야 하고, 2인용 방은 혼자 또는 2명이 사용할 수 있다.
- 1인용 방은 각 층에 하나씩 있으며, D와 F가 사용한다.
- A와 F는 2층을 사용한다.
- B와 G는 같은 방을 사용한다.
- C와 E는 다른 층을 사용한다.

17 A와 방을 함께 쓸 사람은?

① C 또는 E
② F 또는 D
③ E 또는 G
④ B 또는 G
⑤ C 또는 F

18 1층을 사용하는 인원수는?

① 2명
② 3명
③ 4명
④ 5명
⑤ 알 수 없음

19 E가 1층을 사용할 경우, C는 몇 층에서 누구와 방을 쓰는가?

① 1층－B
② 1층－혼자
③ 2층－A
④ 2층－F
⑤ 1층－G

20 2층을 사용하는 인원수는?

① 1명
② 2명
③ 3명
④ 4명
⑤ 알 수 없음

※ 다음은 L사의 성과급 지급 규정이다. 이어지는 질문에 답하시오. **[21~24]**

〈성과급 지급 규정〉

제1조(성과급의 정의)

성과급이란 조직원의 사기진작과 합리적인 임금 체계 구축을 위해 평가된 결과에 따라 차등 지급되는 보수를 말한다.

제2조(지급대상)

① 성과연봉의 지급대상자는 성과평가 대상기간 중 1개월 이상의 기간 동안 L사에 직원으로 근무한 자로 한다.

② 제1항의 근무기간에 휴직기간, 징계기간, 지위해제기간, 결근기간은 포함하지 않는다.

③ 1개월 이상 L사 직원으로 근무하였음에도 성과평가 결과를 부여받지 못한 경우에는 최하등급 기준으로 성과연봉을 지급한다.

제3조(평가시기)

평가는 분기별로 1회씩 이루어진다.

제4조(평가기준)

평가항목과 가중치에 따라 다음과 같은 기준을 제시한다.

평가기준	전문성	유용성	수익성
가중치	0.3	0.2	0.5

제5조(점수별 등급)

성과평가 점수에 따른 평가등급을 다음과 같이 제시한다.

성과평가 점수	9.0 이상	8.0 이상 ~ 9.0 미만	7.0 이상 ~ 8.0 미만	6.0 이상 ~ 7.0 미만	5.0 이상 ~ 6.0 미만
평가등급	S등급	A등급	B등급	C등급	D등급

제6조(지급기준)

평가등급에 따라 다음과 같이 지급한다.

평가등급	S등급	A등급	B등급	C등급	D등급
지급액	100만 원	80만 원	60만 원	40만 원	20만 원

21 다음 중 성과급 지급 규정에 대해 이해한 내용으로 적절하지 않은 것은?

① 성과연봉을 받기 위해서는 성과평가 대상기간 중 1개월 이상의 기간은 직원으로 L사에서 근무해야 해.

② 맞아. 1개월 이상 L사 직원으로 근무하였음에도 성과평가 결과를 부여받지 못한 경우에는 성과연봉이 하나도 지급되지 않아.

③ 성과급 평가기준은 전문성, 유용성, 수익성으로 나뉘는데, 수익성 > 전문성 > 유용성 순으로 가중치가 커.

④ 성과평가는 분기별로 한 번씩 이루어져.

⑤ A가 말한 근무기간에 휴직기간, 징계기간, 지위해제기간, 결근기간은 포함하지 않아.

22 L사에 근무하는 O대리의 평가점수가 다음과 같다고 할 때 1년 동안 총 얼마의 성과급을 받는가?

〈L사 O대리의 평가점수〉

(단위 : 점)

구분	전문성	유용성	수익성
1분기	6	8	7
2분기	7	7	6
3분기	8	6	7
4분기	7	8	9

① 200만 원
② 210만 원
③ 220만 원
④ 230만 원
⑤ 240만 원

23 성과급 지급 규정의 평가기준에서 수익성의 비중을 높여 전문성 0.3, 유용성 0.2, 수익성 0.6으로 가중치를 변경한다면, **22**번에서 계산한 O대리의 1년 총성과급보다 얼마나 증가하는가?

① 40만 원
② 50만 원
③ 60만 원
④ 70만 원
⑤ 80만 원

24 A사원과 B사원은 성과급을 받을 자격이 된다. A사원이 S등급을 받지 못할 확률이 $\frac{2}{3}$이고 B사원이 S등급을 받을 확률이 60%일 때 A사원과 B사원이 둘 다 S등급을 받을 확률은?

① 20%
② 30%
③ 40%
④ 50%
⑤ 60%

※ 다음은 L기업의 인사·총무팀 K사원이 해결해야 할 업무들을 두서없이 적어놓은 표이다. 이어지는 질문에 답하시오(단, 오늘은 7월 12일 화요일이다). **[25~28]**

〈업무 목록〉

업무 내용	필요 기간	업무(완수)일
▶ 팀워크 향상 교육 결과 보고서 제출	4일	08.31
▶ 2차 팀워크 향상 교육 준비 / 확인	3일	08.10
▶ 자동문 수리 기사 방문(오전 11 ~ 12시 사이)	1시간	07.11
▶ 급여 계산 완료 및 결재 요청	5일	08.11
▶ 1차 팀워크 향상 교육 준비	4일	07.27
▶ 급여 이체의뢰서 작성 및 지급 은행 제출	3시간	07.14
▶ 사내 비치용 다과 구입	1시간	07.13
▶ 3차 팀워크 향상 교육 준비	3일	08.24
▶ 급여 이체의뢰서 작성 및 지급 은행 제출	3시간	08.14

• 매주 월요일 : 커피 머신 청소(30분)
  – 출근 후 시간이 충분할 경우 주간회의 시작 전에 완료할 것
• 매주 월요일 : 주간회의 준비(20분) 및 진행(40분)
  – 회의 시작 시간 : 첫째 주, 셋째 주 오전 10시 / 둘째 주, 넷째 주 오전 9시 30분
• 에어컨 필터 교체 기사 방문(7월 21일 14시 ~ 14시 30분 사이, 소요시간 2시간)

※ 출근 시간은 오전 9시임
※ 업무(완수)일은 필요기간에 포함하지 않음
※ 주말에는 업무를 보지 않고, 업무(완수)일이 주말이면 금요일까지 완수함
※ 기사 방문 시 K사원은 자리를 비울 수 없음

25 다음 중 K사원이 매주 반복적으로 수행해야 하는 업무는 총 몇 가지인가?

① 2가지
② 3가지
③ 4가지
④ 5가지
⑤ 6가지

26 다음 중 7월 1일부터 내일까지 K사원이 완료해야 할 업무가 아닌 것은?

① 커피 머신 청소
② 자동문 수리 기사 방문 확인
③ 급여 이체의뢰서 작성 및 지급 은행 제출
④ 주간회의 준비 및 진행
⑤ 사내 비치용 다과 구입

27 **K사원은 업무 능력 향상을 위해 인사·노무 관련 교육을 이수해야 한다. 다음 중 교육 수강이 불가능한 날은?**

① 7월 18일 11:30 ~ 16:30

② 7월 19일 14:00 ~ 18:00

③ 7월 20일 09:00 ~ 14:00

④ 7월 21일 10:00 ~ 15:00

⑤ 7월 22일 11:00 ~ 16:00

28 **K사원이 8월 첫째 주에 처리해야 하는 업무 중 먼저 착수해야 하는 순서대로 나열한 것은?**

① 주간회의 준비 및 진행 → 급여 계산 완료 및 결재 요청 → 커피 머신 청소 → 2차 팀워크 향상 교육 준비

② 커피 머신 청소 → 주간회의 준비 및 진행 → 2차 팀워크 향상 교육 준비 → 급여 계산 완료 및 결재 요청

③ 주간회의 준비 및 진행 → 커피 머신 청소 → 2차 팀워크 향상 교육 준비 → 급여 계산 완료 및 결재 요청

④ 커피 머신 청소 → 주간회의 준비 및 진행 → 급여 계산 완료 및 결재 요청 → 2차 팀워크 향상 교육 준비

⑤ 커피 머신 청소 → 급여 계산 완료 및 결재 요청 → 주간회의 준비 및 진행 → 2차 팀워크 향상 교육 준비

※ L사 직원들은 네덜란드로 해외연수를 가려고 한다. 이어지는 질문에 답하시오. **[29~32]**

〈이용가능 항공편 세부사항〉

항공편	출발시간(한국시각)	경유시간	소요시간	편도 가격	할인행사
SP－340	2024년 5월 10일 오후 2시		11시간 50분	87만 원	왕복 구매 시 10% 할인
GE－023	2024년 5월 10일 오전 9시	5시간	10시간 30분	70만 원	
NL－110	2024년 5월 10일 오후 2시 10분		11시간 10분	85만 원	왕복 구매 시 5% 할인
KR－730	2024년 5월 10일 오후 12시		12시간 55분	88만 원	
AR－018	2024년 5월 10일 오후 1시		12시간 50분	90만 원	10인 이상 구매 시 총금액에서 15% 할인
OL－038	2024년 5월 10일 오전 10시 30분	3시간	10시간 30분	80만 원	

〈조건〉

- 해외연수를 떠나는 직원은 총 10명이다.
- 네덜란드와 한국의 시차는 8시간이며 한국이 더 빠르다.
- 왕복 항공권 가격은 편도 가격의 2배와 같다.
- 소요시간에 경유시간은 포함되지 않는다.

29 다음 중 네덜란드와 한국 간 왕복 항공편을 예매할 때, 가장 저렴한 비용으로 이용할 수 있는 항공편은?

① SP－340
② GE－023
③ NL－110
④ KR－730
⑤ AR－018

30 해외연수 첫째 날 네덜란드 현지시각으로 2024년 5월 10일 오후 5시에 네덜란드 농민과의 만찬이 예정되어 있다면 다음 중 이용해야 하는 항공편은?(단, 가능한 항공편 중 경유시간이 짧은 항공편을 선택하며, 네덜란드 공항에서 만찬 장소까지 5분이 소요된다)

① SP－340
② GE－023
③ NL－110
④ KR－730
⑤ AR－018

31 일정이 변경되어 네덜란드 현지시각으로 2024년 5월 10일 오후 4시에 네덜란드 공항에서 연수담당자를 만나기로 했다. 다음 중 이용할 수 있는 항공편은?(단, 다른 이동시간은 모두 무시한다)

① GE – 023
② NL – 110
③ KR – 730
④ AR – 018
⑤ OL – 038

32 L사에서 공항까지 40km/h의 속력으로 갈 때와 45km/h의 속력으로 갈 때 걸리는 시간이 10분 차이 난다. 이때 L사에서 공항까지의 거리는?

① 50km
② 60km
③ 70km
④ 80km
⑤ 90km

※ 다음은 L사의 회의에 사용될 '블라인드 채용'에 대한 글이다. 이어지는 질문에 답하시오. [33~36]

인사 담당자 또는 면접관이 지원자의 학벌, 출신 지역, 스펙 등을 평가하는 기존 채용 방식에서는 기업 성과에 필요한 직무능력 외 기타요인에 의한 불공정한 채용이 만연했다. 한 설문조사에서 구직자의 77%가 불공정한 채용 평가를 경험한 적이 있다고 답했으며, 그에 따라 대다수의 구직자들은 기업의 채용 공정성을 신뢰하지 않는다고 응답했다. 이러한 스펙 위주의 채용으로 기업, 취업 준비생 모두에게 시간적・금전적 비용이 과잉 발생하게 되었고, 직무에 적합한 인성・역량을 보여줄 수 있는 제도인 블라인드 채용이 대두되기 시작했다.

블라인드 채용이란 입사지원서, 면접 등의 채용 과정에서 편견이 개입돼 불합리한 차별을 초래할 수 있는 출신지, 가족관계, 학력, 외모 등의 항목을 걷어내고 실력, 즉 직무 능력만으로 인재를 평가해 채용하는 방식이다. 서류 전형은 없애거나 블라인드 지원서로 대체하고, 면접 전형은 블라인드 오디션 또는 면접으로 진행함으로써 실제 지원자가 가진 직무 능력을 가릴 수 있는 요소들을 배제하고 직무에 적합한 지식, 기술, 태도 등을 종합적으로 평가한다. 서류 전형에서는 모든 지원자에게 공정한 기회를 제공하고, 필기 및 면접 전형에서는 기존에 열심히 쌓아온 실력을 검증한다. 또한 지원자가 쌓은 경험과 능력, 학교생활을 하며 양성한 지식, 경험, 능력 등이 모두 평가 요소이기에 그간의 노력이 저평가되거나 역차별 요소로 작용하지 않는다.

블라인드 채용의 서류 전형은 무서류 전형과 블라인드 지원서 전형으로 구분된다. 무서류 전형은 채용 절차 진행을 위한 최소한의 정보만을 포함한 입사지원서를 접수하되 이를 선발 기준으로 활용하지 않는 방식이다. 블라인드 지원서 전형에는 입사지원서에 최소한의 정보만 수집하여 선발 기준으로 활용하는 방식과 블라인드 처리되어야 할 정보까지 수집하되 온라인 지원서상 개인정보를 암호화하거나 서면 이력서상 마스킹 처리를 하는 등 채용담당자는 볼 수 없도록 기술적으로 처리하는 방식이 있다. 면접 전형의 블라인드 면접에는 입사지원서, 인・적성검사 결과 등의 자료 없이 면접을 진행하는 무자료 면접 방식과 면접관의 인지적 편향을 유발할 수 있는 항목을 제거한 자료를 기반으로 면접을 진행하는 방식이 있다. 이와 달리 블라인드 오디션은 오디션으로 작업 표본, 시뮬레이션 등을 수행하도록 함으로써 지원자의 능력과 기술을 평가하는 방식이다.

한편 ㉠ 기존 채용, ㉡ 국가직무능력표준(NCS) 기반 채용, ㉢ 블라인드 채용의 3가지 채용 모두 채용 공고, 서류 전형, 필기 전형, 면접 전형 등으로 채용 프로세스는 같지만 각 전형별 세부 사항과 취지에 차이가 있다. 기존의 채용은 기업이 지원자에게 자신이 인재임을 스스로 증명하도록 요구해 무분별한 스펙 경쟁을 유발했던 반면, NCS 기반 채용은 기업이 직무별로 원하는 요건을 제시하고 지원자가 자신의 준비 정도를 증명해 목표 지향적인 능력・역량 개발을 촉진한다. 블라인드 채용은 선입견을 품을 수 있는 요소들을 전면 배제해 실력과 인성만으로 평가받도록 구성한 것이다.

33 다음 중 '블라인드 채용'의 등장 배경으로 적절하지 않은 것은?

① 대다수의 구직자들은 기존 채용 방식의 공정성을 신뢰하지 못했다.
② 기존 채용 방식으로는 지원자의 직무에 적합한 인성・역량 등을 제대로 평가할 수 없었다.
③ 구직자의 77%가 불공정한 채용 평가를 경험했을 만큼 불공정한 채용이 만연했다.
④ 스펙 위주의 채용으로 인해 취업 준비생에게 시간적・금전적 비용이 과도하게 발생하였다.
⑤ 지원자의 직무 능력을 가릴 수 있는 요소들을 배제하는 기존의 방식이 불합리한 차별을 초래했다.

34 **다음 중 '블라인드 채용'을 이해한 내용으로 적절한 것은?**

① 무서류 전형에서는 입사지원서를 제출할 필요도 없겠어.
② 블라인드 온라인 지원서의 암호화된 지원자의 개인정보는 채용담당자만 볼 수 있어.
③ 별다른 자료 없이 진행되는 무자료 면접의 경우에도 인·적성검사 결과는 필요하군.
④ 블라인드 면접관은 선입견을 유발하는 항목이 제거된 자료를 기반으로 면접을 진행하기도 해.
⑤ 서류 전형을 없애면 기존에 쌓아온 능력·지식·경험 등은 아무런 쓸모가 없겠어.

35 **다음 중 밑줄 친 ㉠~㉢에 대한 설명으로 적절하지 않은 것은?**

① ㉠의 경우 기업은 지원자에게 자신이 적합한 인재임을 스스로 증명하도록 요구한다.
② ㉠~㉢은 모두 채용 공고, 서류 전형, 필기 전형, 면접 전형 등의 동일한 채용 프로세스로 진행된다.
③ ㉡은 ㉠과 달리 기업이 직무별로 필요한 조건을 제시하면 지원자는 이에 맞춰 자신의 준비 정도를 증명해야 한다.
④ ㉢은 선입견 요소들을 모두 배제하여 지원자의 실력과 인성만을 평가한다.
⑤ ㉠과 ㉡은 지원자가 자신의 능력을 증명해야 하므로 지원자들의 무분별한 스펙 경쟁을 유발한다.

36 **L사의 A~F 6개의 팀은 월요일부터 토요일까지 하루에 2팀씩 함께 회의를 진행한다. 다음 〈조건〉이 모두 참일 때, 반드시 참인 것은?(단, 월요일부터 토요일까지 각 팀의 회의 진행 횟수는 서로 같다)**

〈조건〉

- 오늘은 목요일이고 A팀과 F팀이 함께 회의를 진행했다.
- B팀은 A팀과 연이은 요일에 회의를 진행하지 않는다.
- B팀은 오늘을 포함하여 이번 주에는 더 이상 회의를 진행하지 않는다.
- C팀은 월요일에 회의를 진행했다.
- D팀과 C팀은 이번 주에 B팀과 1번씩 회의를 진행한다.
- A팀과 F팀은 이번 주에 이틀을 연이어 함께 회의를 진행한다.

① E팀은 수요일과 토요일 하루 중에만 회의를 진행한다.
② 화요일에 회의를 진행한 팀은 B팀과 E팀이다.
③ C팀과 E팀은 함께 회의를 진행하지 않는다.
④ C팀은 월요일과 수요일에 회의를 진행했다.
⑤ F팀은 목요일과 금요일에 회의를 진행한다.

※ 다음은 사내교육에 쓰일 자료이다. 이어지는 질문에 답하시오. [37~40]

(가) 이러한 세계적인 추세와는 다르게 우리나라 국가 정책에서 천연가스의 역할은 그 잠재력이 충분히 발현되지 못하는 방향으로 진행되고 있어 우려가 높아지고 있다. 우리나라는 거의 모든 천연가스를 수입에 의존하고 있기 때문에 가스 부국들의 에너지 환경을 그대로 적용하기에는 무리가 있다. 여기에 최근의 저유가 기조, 글로벌 LNG 가격의 하락, 국제 및 국내 가스 수요의 둔화 등 급변하는 에너지 시장의 여건도 고려해야 할 과제에 포함된다.

(나) 그러나 이러한 난제들이 신기후체제에서 천연가스의 역할에 대한 기대를 본질적으로 바꿀 수는 없을 것이다. 국가의 에너지 선택은 경제성장, 수급 여건, 인프라, 연관 산업 등과 광범위하고도 매우 밀접한 영향을 주고받는다. 이러한 이유로 단시간 내에 한 국가의 에너지 정책에 있어 획기적인 변화의 예는 찾아보기 어려웠다. 이제 그 어려운 에너지 선택에서 신기후체제라는 새로운 제약조건이 국제 사회의 전면에서 부각되고 있는 것이다. 파리협약 타결 초기에 팽배했던 국제사회의 동조와 자발적인 참여 등 협약의 이행상 구속력에 대한 불투명성이 빠른 속도록 해소되고 있다. 우리나라가 이미 표방한 온실가스 감축 목표 달성이 전제되는 한, 국가 에너지 정책상 선택은 더 이상 석탄이냐 가스냐 하는 양자택일의 문제를 넘어선지 오래이다. 수급 안정성과 경제성 측면에서 천연가스의 역할에 대한 잠재력을 최대한 실현하는 정책의지와 구체적인 이행 방안이 위에서 언급한 여러 에너지 정책에 효과적으로 반영되어야 할 것이다.

(다) 천연가스가 화석연료라는 큰 틀에서 공통의 감축 대상임은 분명하지만, 천연가스는 석유와 석탄 대비 오염물질과 온실가스 배출량이 낮고, 발전소 건설이 용이하며, 운영상의 부하추종이 용이하다는 경쟁력이 있다. 천연가스가 온실가스 배출량 감축의 실행적인 측면에서 석유, 석탄 등 기존의 주요 화석 에너지를 대체하는 에너지원이라는 점이 미국, EU 등 주요국의 사례에서 확인되고 있다. 이런 이유로 새로이 시작되는 신기후체제에서 석탄을 가스로 대체하려는 움직임은 당연한 방향으로 여겨지고 있다. 또한 궁극적으로 신재생에너지로의 전환과정에서 필수불가결한 ___________을 담당하는 에너지원으로서 국가에너지 믹스에서 역할이 더욱 기대되고 있다.

37 윗글을 논리적 순서대로 바르게 나열한 것은?

① (다) – (가) – (나)
② (다) – (나) – (가)
③ (나) – (가) – (다)
④ (나) – (다) – (가)
⑤ (가) – (나) – (다)

38 윗글의 빈칸에 들어갈 말로 가장 적절한 것은?

① 심의 역할
② 가교 역할
③ 대체 역할
④ 리더 역할
⑤ 필수 역할

39 **윗글의 주제로 가장 적절한 것은?**

① 신재생에너지로서의 천연가스
② 신기후체제에 맞선 천연가스의 반란
③ 화석연료의 오해와 진실
④ 국가 에너지 믹스에서 천연가스의 역할
⑤ 신기후체제의 신재생에너지

40 **A부장은 이번 주 교육시간이 끝나고 막간을 이용해 한자성어 몇 가지를 교육할 생각이다. A부장이 정리한 자료 중 수정이 필요한 내용은?**

① 겉과 속이 너무 다른 사람은 가까이 하지 말아야 해. – 부화뇌동
② 전부터 사려던 물건이어서 관심을 보였더니 받을 수 있는 혜택들이라면서 엄청 강조하다가 막상 사려고 결정하니까 말을 은근슬쩍 바꾸는 거 있지. – 조삼모사
③ 자기의 속마음까지 알아주는 친구가 있다는 것은 정말 행복한 거야. – 지음
④ 손바닥 뒤집듯이 말을 너무 쉽게 바꾸는 것은 매우 나쁜 습관이야. – 여반장
⑤ 힘들어도 참고 견디더니 잘 돼서 진짜 다행이야. – 고진감래

www.sdedu.co.kr

2025
최 신 판

합격에듀
시대
에듀

사이다 기출응용
모의고사 시리즈

사이다

사일 동안
이것만 풀면
다 합격!

판매량
1위
YES24 롯데그룹 부문

롯데그룹 온라인 L-TAB

4회분 | 정답 및 해설

[합격시대]
온라인 모의고사
무료쿠폰

—

도서 동형
온라인 실전연습
서비스

—

10대기업
면접 기출
질문 자료집

SDC는 시대에듀 데이터 센터의 약자로 약 30만 개의 NCS · 적성 문제 데이터를 바탕으로 최신 출제경향을 반영하여 문제를 출제합니다.

편저 | SDC(Sidae Data Center)

시대에듀

기출응용 모의고사
정답 및 해설

도서 동형 온라인 모의고사 무료쿠폰

4회분 | ATAW-00000-69224

[쿠폰 사용 안내]

1. **합격시대 홈페이지**(www.sdedu.co.kr/pass_sidae_new)에 접속합니다.
2. 회원가입 후 로그인합니다.
3. 홈페이지 우측 상단 '쿠폰 입력하고 모의고사 받자' 배너를 클릭합니다.
4. 쿠폰번호를 등록합니다.
5. 내강의실 > 모의고사 > 합격시대 모의고사 클릭 후 응시합니다.

※ 본 쿠폰은 등록 후 30일간 이용 가능합니다.
※ iOS / macOS 운영체제에서는 서비스되지 않습니다.

1일 차 기출응용 모의고사 정답 및 해설

01	02	03	04	05	06	07	08	09	10
②	①	⑤	①	⑤	④	①	⑤	⑤	②
11	12	13	14	15	16	17	18	19	20
①	④	④	④	③	③	④	①	③	②
21	22	23	24	25	26	27	28	29	30
③	②	①	③	⑤	④	①	⑤	③	①
31	32	33	34	35	36	37	38	39	40
③	②	④	⑤	②	③	③	③	③	④

01 정답 ②

사이트별 할인을 적용받으면 도서구매 금액은 다음과 같다.

• 다보자 : (42,000+31,000×3)×0.95=128,250원
• 해피북스 : 42,000+(31,000×3×0.85)=121,050원
• 북스킹덤 : 42,000+31,000×3=135,000원
• 다시책방 : 42,000+(31,000×3×0.9)=125,700원
• 살찌는 서점 : (42,000×0.85)+(31,000×3)=128,700원

북스킹덤은 예산을 초과하므로 구매 불가능하다. 따라서 도서구매 금액이 가장 작은 해피북스에서 구매하며, 도서구매 금액은 121,050원이다.

02 정답 ①

사이트별 배송정보에 따라 예상도착일을 정리하면 다음과 같다.

구분	도서구매 금액	예상도착일
다보자	128,250원	8월 1일 배송 → 8월 2일 도착
해피북스	121,050원	8월 2일 배송 → 8월 5일 도착
북스킹덤	135,000원	8월 1일 주문 → 8월 6일 도착
다시책방	125,700원	8월 1일 배송 → 8월 5일 도착
살찌는 서점	128,700원	8월 1일 배송 → 8월 5일 도착 3,000원 추가(∵ 배송비 추가 시 익일 도착) → 8월 2일 도착

'살찌는 서점'의 경우, 배송비 3,000원을 추가하면 8월 3일 전에 수령할 수 있지만, 배송비를 추가하면 128,700+3,000=131,700원으로 예산을 초과하기 때문에 불가능하다. 따라서 김대리의 조건에 맞는 도서구매 사이트는 '다보자'이며, 예상도착일은 8월 2일이다.

03 정답 ⑤

제시문은 사람들의 결합체인 단체가 법에서 정한 일정한 요건을 갖추어 취득하는 권리 능력인 법인격에 대해 살펴보고 있다. 첫 번째 문단에 따르면 사단(社團)은 사람들이 일정한 목적을 갖고 결합한 조직체로, 구성원과 구별되어 독자적 실체로서 존재하며 운영 기구를 두어 구성원의 가입과 탈퇴에 관계없이 존속하는 단체이다. 또한 사단은 법인(法人)으로 등기되어야 법으로써 부여되는 권리 능력인 법인격이 생기고, 법인격을 갖춘 사단을 사단법인이라고 부른다. 그러므로 사단 중에서 법인격을 갖춘 사단법인이 되어야 권리와 의무를 누릴 수 있다.

오답분석

① 첫 번째 문단에 따르면 사단성을 갖춘 사단은 운영 기구를 두어 구성원의 가입과 탈퇴에 관계없이 존속한다.
② 첫 번째 문단에 따르면 사원은 사단의 구성원이며, 두 번째 문단에 따르면 사단의 성격을 갖는 법인인 회사의 대표적인 유형이라고 할 수 있는 주식회사는 주주들로 구성된다. 따라서 주주는 사단의 구성원인 사원이 된다.
③ 첫 번째 문단에 따르면 사단법인이 자기 이름으로 진 빚은 사단이 가진 재산으로 갚아야 한다. 따라서 사단은 재산을 소유할 수 있다.
④ 첫 번째 문단에 따르면 사단은 법에서 정하는 요건을 갖춤으로써 법인격이 있는 사단법인이 되므로 사단은 사원의 가입과 탈퇴에 상관없이 존속한다.

04 정답 ①

세 번째 문단에 따르면 상법상 회사는 이사들로 이루어진 이사회만을 업무 집행의 의결 기관으로 두며 대표이사는 이사 중 한 명으로, 이사회에서 선출되는 기관이다.
따라서 대표이사는 주식회사를 대표하는 기관이다.

오답분석

② 두 번째 문단에 따르면 2001년에 개정된 상법은 1인 주주 형태의 회사처럼 사단성을 갖추지 못했다고 할 만한 형태의 회사도 법인으로 인정한다. 또한 세 번째 문단에 따르면 상법상 회사는 이사들로 이루어진 이사회만을 업무 집행의 의결 기관으로 두며, 대표이사는 이사회에서 선출되는 기관이다. 그러므로 1인 주식회사라고 해도 법인격은 법인인 주식회사가 갖는 것이지 대표이사가 갖는 것이 아니다.
③ 세 번째 문단에 따르면 이사의 선임과 이사의 보수는 주주총회에서 결정하도록 되어 있다.

④ 세 번째 문단에 따르면 상법상 회사는 이사들로 이루어진 이사회만을 업무 집행의 의결 기관으로 둔다. 따라서 주주총회는 업무 집행의 의결 기관이 될 수 없다.
⑤ 두 번째 문단에 따르면 여러 주주가 있던 회사가 주식의 상속, 매매, 양도 등으로 말미암아 모든 주식이 한 사람의 소유로 되는 경우가 있다.

05

정답 ⑤

조건을 순서대로 논리 기호화하여 표현하면 다음과 같다.

• 두 번째 조건 : 머그컵 → ~노트
• 세 번째 조건 : 노트
• 네 번째 조건 : 태블릿PC → 머그컵
• 다섯 번째 조건 : ~태블릿PC → (가습기 ∧ ~컵받침)

세 번째 조건에 따라 노트는 반드시 선정되며, 두 번째 조건의 대우(노트 → ~머그컵)에 따라 머그컵은 선정되지 않는다. 그리고 네 번째 조건의 대우(~머그컵 → ~태블릿PC)에 따라 태블릿PC도 선정되지 않으며, 다섯 번째 조건에 따라 가습기는 선정되고 컵받침은 선정되지 않는다. 총 3개의 경품을 선정한다고 하였으므로 노트, 가습기와 함께 펜이 경품으로 선정된다.

06

정답 ④

물과 음료수의 개수를 각각 x개, y개라고 하자.
$x+y=330$이 되고, 물의 개수 x는 직원의 수와 같다.
이때, 음료수는 5명당 1개가 지급되므로 $y=\frac{1}{5}x$이다.

$\frac{6}{5}x=330$
$\rightarrow 6x=1,650$
$\therefore\ x=275$

따라서 야유회에 참가한 직원은 모두 275명이다.

07

정답 ①

파견팀장 선발 방식에 따라 지원자들의 선발점수를 정리하면 다음과 같다.
C의 경우, 자격요건인 공학계열 학위를 보유하고 있지 않으므로 자격미달이다.

지원자	학위 점수	현장경험 점수	어학능력 점수	근속연수 점수	선발 점수
A	30	26	14	16	86
B	25	26	14	18	83
C	자격미달				
D	18	26	17	16	77
E	25	22	17	20	84

따라서 86점으로 가장 높은 선발점수를 받은 A가 파견팀장으로 선발된다.

08

정답 ⑤

변경된 파견팀장 자격요건을 반영해 지원자들의 선발점수를 정리하면 다음과 같다.
A의 경우, 제출한 종합건강검진 결과서가 지원 접수마감일인 2024년 8월 30일의 3개월 이내에 발급된 것이 아니므로 자격미달이다.

지원자	학위 점수	현장경험 점수	어학능력 점수	근속연수 점수	선발 점수
A	자격미달				
B	25	26	14	18	83
C	18	28	20	16	82
D	18	26	17	16	77
E	25	22	17	20	84

따라서 84점으로 가장 높은 선발점수를 받은 E가 파견팀장으로 선발된다.

09

정답 ⑤

• 갑이 화장품 세트를 구매하는 데 든 비용
  – 화장품 세트 : 29,900원
  – 배송비 : 3,000원(일반배송상품이지만 화장품 상품의 경우 30,000원 미만 주문 시 배송비 3,000원 부담)
• 을이 책 3권을 구매하는 데 든 비용
  – 책 3권 : 30,000원(1권당 10,000원)
  – 배송비 : 무료(일반배송상품+도서상품은 배송비 무료)

따라서 갑은 32,900원, 을은 30,000원이 들었다.

10

정답 ②

• 사과 1박스의 가격 : 32,000×0.75(∵ 25% 할인)=24,000원
• 배송비 : 무료(일반배송상품, 도서지역에 해당하지 않음)
• 최대 배송완료일 : 일반배송상품은 결제완료 후 평균 2~4일 이내 배송되므로(공휴일 및 연휴 제외) 금요일 결제 완료 후 토요일, 일요일을 제외하고 늦어도 목요일까지 배송될 예정이다.

11

정답 ①

당일배송상품을 제외한 상품은 무료배송이 원칙이지만 일부 상품의 경우(예 CD/DVD 상품, 화장품 상품 등)에는 배송비가 포함될 수 있으며, 도서지역의 경우 도선료, 항공료 등이 추가될 수 있다.

12

정답 ④

5곳의 배송지에 배달할 때, 첫 배송지와 마지막 배송지 사이에는 4번의 이동이 있다. 총 80분(=1시간 20분)이 걸렸으므로 1번 이동 시에 평균적으로 20분이 걸린다. 12곳에 배달을 하려면 11번의 이동을 해야 하므로 20×11=220분=3시간 40분이 걸릴 것이다.

13

정답 ④

주어진 정보에 따라 면접 순서를 정리하면 다음과 같다.

구분	1번	2번	3번	4번	5번	6번
경우 1	F	B	C	A	D	E
경우 2	F	E	C	A	D	B
경우 3	F	C	A	D	E	B
경우 4	E	F	C	A	D	B

따라서 총 4가지의 경우이다.

14

정답 ④

13번 해설로부터 어떠한 경우에도 C는 항상 F보다 늦게 면접을 보는 것을 알 수 있다.

오답분석

① 경우 1에서 D는 B보다 늦게 면접을 본다.
② 경우 1, 2, 4에서 C는 3번째로 면접을 본다.
③ 경우 1, 3에서 A는 E보다 일찍 면접을 본다.
⑤ 경우 1, 3에서 E는 D보다 늦게 면접을 본다.

15

정답 ③

13번 해설로부터 어떠한 경우에도 D는 항상 오후에 면접을 보는 것을 알 수 있다.

16

정답 ③

B만 합격한다는 것은 A와 C는 불합격한다는 뜻이다.

$$\left(1-\frac{1}{3}\right)\times\frac{1}{4}\times\left(1-\frac{1}{5}\right)=\frac{2}{15}$$

따라서 B만 합격할 확률은 $\frac{2}{15}$ 이다.

17

정답 ④

업체별 사은품 구매비용은 다음과 같다.

- 갑업체 : 1,500×500+2,500×200=1,250,000원
- 을업체 : 1,300×500+2,600×200=1,170,000원
- 병업체 : 800×500+3,500×200=1,100,000원
- 정업체 : 900×500+3,200×200=1,090,000원

따라서 가장 저렴하게 구매할 수 있는 업체는 정업체이다.

18

정답 ①

사은품 증정행사가 4월 1일이므로, 3월 28일부터 3월 31일까지 4일만에 제작을 완료해야 한다. 업체별 총소요시간은 다음과 같다.

구분	장바구니	텀블러	총소요시간
갑업체	500÷130 ≒3.84일	200÷80 =2.5일	4일
을업체	500÷150 ≒3.33일	200÷150 ≒1.33일	4일
병업체	500÷90 ≒5.55일	200÷80 =2.5일	6일
정업체	500÷200 =2.5일	200÷100 =2일	3일

따라서 갑, 을, 정업체에서 제작이 가능하며, 업체 중 정업체의 총제작비용이 (900×500)+(3,200×200)=1,090,000원으로 가장 저렴하다.

19

정답 ③

홍보문구 삽입을 고려한 업체별 사은품 구매비용은 다음과 같다.

- 갑업체 : 1,500×500+2,500×200=1,250,000원
  (총수량 700개 구매로 홍보문구 무료 삽입)
- 을업체 : (1,300+500)×500+(2,600+500)×200
  =1,520,000원
- 병업체 : (800+200)×500+3,500×200
  =1,200,000원(텀블러 홍보문구 무료 이벤트)
- 정업체 : (900+300)×500+(3,200+300)×200
  =1,300,000원

따라서 로컬푸드 홍보문구 삽입 시 구매비용이 가장 저렴한 업체는 병업체이다.

20

정답 ②

조건에 따라 A, B, C, D의 사무실 위치를 정리하면 다음과 같다.

구분	2층	3층	4층	5층
경우 1	부장	B과장	대리	A부장
경우 2	B과장	대리	부장	A부장
경우 3	B과장	부장	대리	A부장

따라서 B가 과장이므로 대리가 아닌 A는 부장의 직책을 가진다.

오답분석

① A부장 외에 다른 부장은 2층, 3층 또는 4층에서 근무한다.
③ 대리는 3층 또는 4층에서 근무한다.
④ B는 2층 또는 3층에서 근무한다.
⑤ C의 직책은 알 수 없다.

21

정답 ③

오답분석

① 5일에 단합대회로 사내행사가 있기에 홍보행사를 진행할 수 없다.

② 10일은 L데이 홍보행사를 시작하는 날이므로 다른 홍보행사를 진행할 수 없다.

④ 21일에 1인 가구 대상 소포장 과자 홍보행사가 있으므로 다른 홍보행사를 진행할 수 없다.

⑤ 명절선물세트 홍보는 설 연휴 이전에 마쳐야 하므로 적절하지 않다.

22

정답 ②

1월 7 ~ 9일에는 행사가 없고 행사 및 공휴일 전날, 다음 날이 아니므로 1월 8일에 진급공고를 낼 수 있다.

오답분석

① 단합대회 다음 날이므로 진급공고를 낼 수 없다.

③ 명절선물세트 홍보기간이므로 진급공고를 낼 수 없다.

④ 설 연휴 전날이므로 진급공고를 낼 수 없다.

⑤ 대체공휴일 다음 날이므로 진급공고를 낼 수 없다.

23

정답 ①

다른 직원들과 연차일이 겹치지 않고 행사도 없으므로 가능한 날짜이다.

오답분석

② L데이 홍보행사가 있으므로 연차를 사용할 수 없다.

③ 명절선물세트 홍보행사가 있으므로 연차를 사용할 수 없다.

④·⑤ 설 연휴를 포함하는 주 이전에 연차를 사용해야 하므로 연차를 사용할 수 없다.

24

정답 ③

과자의 원가를 x원이라고 하자.

과자의 정가는 $(1+0.2)x=1.2x$원이고 판매가는 $1.2x(1-0.15)=1.02x$원이다.

50개를 판매한 금액이 127,500원이므로 다음과 같은 식이 성립한다.

$1.02x\times50=127,500$

$\rightarrow 1.02x=2,550$

$\therefore\ x=2,500$

따라서 과자의 원가는 2,500원이다.

25

정답 ⑤

공모전의 상금 및 부상에 들어가는 총비용은 $(300+30)+(200+15)+(100+10)\times2+(50+5)\times5=1,040$만 원이다.

26

정답 ④

지원자격 미충족 시 본선에 진출할 수 없고, 지원서 제출 기한을 넘어서 제출한 경우에도 본선에 진출할 수 없다. 참가번호 10번, 15번은 팀원 수가 10명을 초과하고, 참가번호 11번, 13번은 평균 거주기간이 1년 미만이다. 참가번호 6번, 10번, 11번은 지원서 제출일이 기한을 지났다. 따라서 참가번호 6번, 10번, 11번, 13번, 15번 5팀은 본선에 진출할 수 없다.

27

정답 ①

상금과 부상을 받을 수 있는 팀은 총 9팀이므로, 본선에 진출하지 못한 5개 팀(참가번호 6번, 10번, 11번, 13번, 15번)을 제외하고 나머지 11개 팀 중 9개 팀이 상금과 부상을 받을 수 있다. 가산점을 부여하는 아이디어를 제시한 팀(1번, 3번, 7번)들은 상금과 부상을 받을 수 있고, 나머지 팀 중 제출일이 빠른 순으로 나열하면 12번, 9번, 4번, 5번, 8번, 2번, 16번, 14번이다. 따라서 해당하는 팀은 참가번호 1번, 3번, 7번, 12번, 9번, 4번, 5번, 8번, 2번이다.

오답분석

② 참가번호 6번은 지원서 제출 기한이 지나 지원서를 제출해서 본선에 진출하지 못한다.

③ 참가번호 10번은 팀원 수가 10명을 초과하고, 제출 기한이 지나서 지원서를 제출해 본선에 진출하지 못한다.

④ 참가번호 11번은 평균 거주기간이 1년 미만이고, 지원서 제출일도 기한보다 늦어서 본선에 진출하지 못한다.

⑤ 참가번호 15번은 팀원 수가 10명을 초과하여 본선에 진출하지 못한다.

28

정답 ⑤

청년농 유입과 연계 시 부여되는 가산점은 있으나 본선심사 안내를 보면 가산점에 부여하는 아이디어를 제시할 경우에만 10 ~ 15점을 부여한다고 되어 있다.

29

정답 ③

제시문은 정보 통신의 급격한 발달이 문화의 상업화를 가속시키고 있다는 내용이다. 문화 산업은 관광, 스포츠, 예술 등의 형태로 예전부터 있었던 것이다.

30

정답 ①

제시문은 접속과 문화 자본주의라는 용어를 사용하여 모든 문화가 상품화되는 사회 현상을 소개하고 있다(현상). 이어서 그와 같은 현상의 의미와 이것이 인간의 삶에 미치는 영향을 밝히고 있다(진단). 마지막 부분에서는 이러한 현상에 제대로 대응하기 위해서 우리가 해야 할 일을 제시하고 있다(대응 방안).

31

정답 ③

• 기반 : 기초가 되는 바탕 또는 사물의 토대
• 초석 : 어떤 사물의 기초를 비유적으로 이르는 말

오답분석

① 추구 : 목적을 이룰 때까지 뒤좇아 구함
② 확보 : 확실히 보증하거나 가지고 있음
④ 기여 : 도움이 되도록 이바지함
⑤ 동반 : 일을 하거나 길을 가는 따위의 행동을 할 때 함께 짝을 함

32

정답 ②

ⓛ의 중심 내용은 문화가 상품화됨에 따라 문화의 다양성이 무시되고, 문화가 획일화되었다는 것이다. 식혜를 공장에서 만들어서 파는 것은 문화의 상품화 및 획일화에 해당한다.

오답분석

① 고유문화의 세계화 및 상품화의 예시이다.
③ 문화의 고유성 유지의 예시이다.
④ 고유문화의 세계화의 예시이다.
⑤ 문화의 고유성 전파의 예시이다.

33

정답 ④

4차 산업혁명이란 제조업과 IT기술 등 기존의 산업을 융합하여 새로운 산업을 탄생시키는 변화를 의미한다.

오답분석

①·③ 1차 산업혁명에 대한 설명이다.
② 2차 산업혁명에 대한 설명이다.
⑤ 3차 산업혁명에 대한 설명이다.

34

정답 ⑤

제시된 문장에서 클라우스 슈밥은 4차 산업혁명을 '전 세계의 사회, 산업, 문화적 르네상스를 불러올 과학 기술의 대전환기'로 표현하였다. 이는 4차 산업혁명이 빠른 속도로, 전 산업 분야에 걸쳐, 전체 경제·사회 체제에 변화를 가져올 것으로 전망되기 때문이다. 즉, 제시된 문장의 '이 같은 이유'는 (마) 앞 문단의 전체 내용을 의미하므로 문장이 들어갈 위치로 가장 적절한 곳은 (마)이다.

35

정답 ②

4차 산업혁명으로 대량실업 사태가 발생할 수 있다는 우려가 꾸준히 제기되고 있다는 마지막 문장을 통해 앞으로 4차 산업혁명의 부정적 영향에 관한 이야기가 이어질 것임을 알 수 있다.

36

정답 ③

• 관장하다 : 일을 맡아서 주관하다.
• 장관하다 : 일을 맡아서 주관하다.

오답분석

① 처리하다
  1. 사무나 사건 따위를 절차에 따라 정리하여 치르거나 마무리를 짓다.
  2. 일정한 결과를 얻기 위하여 화학적 또는 물리적 작용을 일으키다.
② 방관하다 : 어떤 일에 직접 나서서 관여하지 않고 곁에서 보기만 하다.
④ 권장하다 : 권하여 장려하다.
⑤ 장권하다 : 권하여 장려하다.

37

정답 ③

C주임의 여름 휴가비(7월)가 250,000원이고, 겨울 휴가비(12월)는 150,000원이다.

38

정답 ③

대화에서 A사원은 순서 없이 가장 좋은 혜택을 받으려고 한다. 따라서 조언할 만한 한자성어로는 '높은 곳에 오르려면 낮은 곳에서부터 오른다.'라는 뜻의 '일을 순서대로 하여야 함'을 의미하는 '등고자비(登高自卑)'가 가장 적절하다.

오답분석

① 장삼이사(張三李四) : 장 씨의 셋째 아들과 이 씨의 넷째 아들이라는 뜻으로, 이름이나 신분이 특별하지 아니한 평범한 사람들을 이르는 말
② 하석상대(下石上臺) : 아랫돌 빼서 윗돌 괴고 윗돌 빼서 아랫돌 괸다는 뜻으로, 임시변통으로 이리저리 둘러맞춤을 이르는 말
④ 주야장천(晝夜長川) : 밤낮으로 쉬지 아니하고 연달아 흐르는 시냇물이라는 뜻으로, '쉬지 않고 언제나', '늘'이라는 의미이다.
⑤ 내유외강(內柔外剛) : 속은 부드럽고, 겉으로는 굳셈

39

정답 ③

2023년 3월 2일에 입사하였으므로 현재(2024년 1월) 기준 입사 1년 차에 해당하고, 2024년 3월 2일부터 입사 2년 차에 해당한다. 입사 2년 차 미만으로 명절 상여금은 못 받고, 여름 휴가비용은 상반기 기간에 해당이 안 된다. 또한 자녀 학자금에도 과장 이상이 아니므로 제외된다. 따라서 혜택은 경조사비, 문화 생활비, 자기 계발비, 출산 축하금을 급여와 함께 받을 수 있다.

- 경조사비 : 경조사일이 속한 달의 다음 달 급여에 지급되므로 1월 급여에 주임 직급의 금액으로 지급(200,000원)
- 문화 생활비 : 입사일이 속한 달에 지급되므로 3월에 지급(100,000원)
- 자기 계발비 : 3월 주임 직급의 금액으로 지급(300,000원)
- 출산 축하금 : 6월에 타회사에 근무 중인 아내가 첫 아이를 출산하므로 남성 출산 축하금 지급(2,000,000원)

월 급여는 2024년 1 ~ 4월에는 직급이 주임이므로 320만 원을 받고, 5 ~ 6월에는 대리이므로 350만 원을 받는다.
따라서 L직원이 상반기에 받게 될 혜택까지 포함된 총급여는 320×4+350×2+20+10+30+200=2,240만 원이다.

40

정답 ④

39번에서 추가되는 혜택은 1월 명절 상여금으로, 입사 1년 차 주임 직급 월 급여의 5%인 320×0.05=16만 원이다. 경조사비는 20만 원으로 동일하며, 문화 생활비와 자기 계발비(사원만 가능)가 없어지고, 출산 축하금은 300만 원이다.
따라서 L직원이 상반기에 받게될 혜택까지 포함된 총급여는 320×4+350×2+16+20+300=2,316만 원이다.

롯데그룹 L-TAB 온라인 직무적합진단

2일 차 기출응용 모의고사 정답 및 해설

01	02	03	04	05	06	07	08	09	10
②	①	③	②	⑤	②	②	①	③	④
11	12	13	14	15	16	17	18	19	20
②	③	⑤	②	①	③	③	③	⑤	④
21	22	23	24	25	26	27	28	29	30
⑤	①	②	②	④	③	④	⑤	②	④
31	32	33	34	35	36	37	38	39	40
③	④	③	④	④	③	②	①	④	④

01

정답 ②

제시문에서 에너지와 엔지니어 분야에 관련된 다양한 사례들을 언급하고 있으며 이 외에 다른 분야에 관한 사례는 설명하지 않고 있다. 따라서 ②는 수정 및 보완 내용으로 적절하지 않다.

02

정답 ①

원자력 발전소에서 설비에 이상신호가 발생하면 스스로 위험을 판단하고 작동을 멈추는 등 에너지 설비 운영 부문에는 이미 다양한 4차 산업혁명 기술이 사용되고 있다. 따라서 4차 산업혁명 기술의 도입 첫 단계라고 이야기하는 ①은 독자의 반응으로 적절하지 않다.

03

정답 ③

A/S 기간이 짧은 순서대로 나열하면 'C드론 – P드론 – K드론 – D드론'이다. 따라서 C드론의 A/S 기간이 가장 짧은 것을 알 수 있다.

04

정답 ②

사원별 평균 점수를 구하면 다음과 같다.

- 갑 : (75+85+100)÷3≒86.7점
- 을 : (80+80+90)÷3≒83.3점
- 병 : (95+70+80)÷3≒81.7점
- 정 : (80+90+70)÷3=80점
- 무 : (90+75+90)÷3=85점

따라서 갑과 무가 선정된다.

05

정답 ⑤

가산점을 적용하여 합산한 결과는 다음과 같다.

- 갑 : (75+7.5)+85+100=267.5점
- 을 : (80+8)+80+90+5=263점
- 병 : (95+9.5)+70+80=254.5점
- 정 : (80+8)+90+70+5=253점
- 무 : (90+9)+75+90+5=269점

따라서 무가 선택된다.

06

정답 ②

- 작업 속도에서 '상'을 받은 자격증은 '컴퓨터활용능력', '정보처리기사', 'ITQ' 3개이며, 이 중 취득 시간 등급이 가장 높은 것은 'ITQ'이므로 'ITQ'가 우선순위가 가장 높다.
- '정보처리기사'는 취득 시간 등급이 '중'으로 '컴퓨터활용능력'과 동일하지만 문제해결능력이 '상'으로 높아 2번째로 우선순위가 높고, 자연스럽게 '컴퓨터활용능력'이 3번째가 된다.
- 'MOS'와 'PC정비사'는 작업 속도 등급에서 각각 '중'과 '하'를 받았으므로 'MOS'가 4번째, 'PC정비사'가 5번째가 된다.

따라서 우선순위가 높은 순으로 나열하면 ITQ – 정보처리기사 – 컴퓨터활용능력 – MOS – PC정비사이다.

07

정답 ②

- 양면 스캔 가능 여부 – Q · T · G스캐너
- 카드 크기부터 계약서 크기 스캔 지원 – G스캐너
- 50매 이상 연속 스캔 가능 여부 – Q · G스캐너
- A/S 1년 이상 보장 – Q · T · G스캐너
- 기울기 자동 보정 여부 – Q · T · G스캐너
- 예산 4,200,000원까지 가능 – Q · T · G스캐너

따라서 G스캐너 – Q스캐너 – T스캐너 순으로 구매한다.

08

정답 ①

07번 문제에서 순위가 가장 높은 스캐너는 G스캐너이다.

G스캐너의 스캔 속도는 80장/분이므로 80장을 스캔할 때는 $\frac{80\text{장}}{80\text{장/분}}$ =1분=60초가 소요되고, 240장은 $\frac{240\text{장}}{80\text{장/분}}$=3분=180초, 480장은 $\frac{480\text{장}}{80\text{장/분}}$=6분=360초가 소요된다.

09 정답 ③

우선 A사원의 총구매가격은 600달러 이상이므로 모두 관세 대상이다. 하지만 주류는 종류에 상관없이 1병, 1L 이하, 400달러 이하는 관세 대상에서 제외된다.
따라서 양주 1병은 200달러이며, 1L이기 때문에 면세 물품에 해당된다.

오답분석

① 향수는 면세 범위인 60mL 이상이므로 면세 물품에서 제외된다.
② 가방의 경우 가방 1개 금액이 600달러 이상이므로 관세 대상이다.
④ 신발은 단일세율이 적용되는 상품으로 관세 물품이다.
⑤ 화장품은 면세 범위에 포함되어 있지 않다.

10 정답 ④

총 600달러를 넘었기 때문에 과세 대상이다. B사원이 구매한 품목의 총액은 80+1,400+350+100+150=2,080유로이다. 여기서 단일세율적용 품목대상은 '합계 미화 1,000달러까지 본래의 세율보다 낮은 단일세율(20%)을 적용받을 수 있다.'라고 되어 있으니 팔찌는 20%로 계산할 수 있다.
또한, 예상세액은 구입물품의 총가격에서 1인 기본면세범위 미화 600달러를 선공제하고 각각의 관세율을 적용해 계산한 금액의 합이므로 (2,080×1,300−600×1,100)×0.2=2,044,000×0.2 =408,800원이 관세이다.
만약 성실신고를 하게 된다면, 관세의 30%인 408,800×0.3= 122,640원을 절약하게 되고(15만 원 한도), 납부해야 할 관세는 286,160원이다.
신고를 안 했을 때의 기댓값은 걸릴 경우 관세의 1.4배, 걸릴 확률이 80%이므로 408,800×1.4×0.8=457,856원이 되고, 안 걸릴 경우 0원이다.
따라서 기댓값이 20만 원을 초과하므로 B사원은 자진신고를 하여 관세로 286,160원을 납부할 것이다.

11 정답 ②

세부사항을 보면 결국 단일세율은 모두 20%임을 알 수 있다. 면세 품목인 주류나 담배는 개인면세한도(포도주 1병, 담배 1보루) 내에서 구매하였기 때문에 면세 범위에 해당하므로 관세 대상에 포함하지 않으며, 향수는 60mL를 초과하기 때문에 관세 대상에 포함한다.
관세 대상 품목들의 총구입금액은 (100+40+200×2+70+125) =735달러이고, 총금액에서 600달러를 빼면 135달러가 된다.
관세는 135×1,100×0.2=29,700원이며, 자진 납세할 경우 관세의 30%가 감면된다.
따라서 지불해야 할 관세는 29,700×0.7=20,790원이다.

12 정답 ③

공항에서 회사까지의 거리를 $x$km라고 하면 다음과 같은 식이 성립한다.

• 공항까지 가는 데 걸리는 시간 : $\frac{x}{80}$시간
• 회사로 돌아오는 데 걸리는 시간 : $\frac{x}{120}$시간

$\frac{x}{80}+\frac{x}{120}=1$
$\rightarrow 5x=240$
$\therefore\ x=48$
따라서 공항과 회사의 거리는 48km이다.

13 정답 ⑤

A대리는 2021년 11월에 입사해 현재 입사한 지 2년 차에 해당한다. 올해 직원 복지 지원금을 한 번도 못 받았으므로 생일, 결혼, 출산, 학자금 모두 신청이 가능한 상황이다.
생일 10만 원, 결혼 50만 원, 결혼 축하금을 받고 아이는 등본상 둘째이므로 출산과 관련하여 150+20=170만 원을 받는다. 또한 첫째 아이가 중학생이므로 학자금 50만 원을 받아 총 10+50+ 170+50=280만 원의 혜택을 받을 수 있다.

14 정답 ②

대학원 학자금은 입사 2년 차 이상이므로 1년 차인 직원 B는 받을 수 없고, 주택 대출 5,000만 원 중 절반인 2,500만 원은 최대한도 초과이므로 최대한도인 2,000만 원만 대출받을 수 있다.

15 정답 ①

재작년 3월 초에 입사했다면 입사 2년 차에 해당하므로 대학원 학자금 대출원금의 80%를 지원받을 수 있기에, 1,500×0.8= 1,200만 원을 지원받을 수 있다. 또 주택 지원 대출의 한도가 3,000만 원으로 증가하는데, 주택 대출 5,000만 원 중 절반인 2,500만 원은 최대한도 내에 해당하므로 2,500만 원 전액 대출이 가능하다. 따라서 직원 B가 지원받을 수 있는 총금액은 1,200+ 2,500=3,700만 원이다.

16

정답 ③

간담상조는 '간과 쓸개를 서로에게 내보인다.'라는 뜻으로, 서로 마음을 터놓고 친밀히 사귐을 의미한다.

오답분석

① 금의환향(錦衣還鄕) : 비단옷 입고 고향에 돌아온다는 뜻으로, 출세하여 고향에 돌아옴을 이르는 말
② 입신양명(立身揚名) : 사회적으로 인정을 받고 출세하여 이름을 세상에 드날림
④ 부귀공명(富貴功名) : 재물이 많고 지위가 높으며 공을 세워 이름을 떨침
⑤ 마부위침(磨斧爲針) : '도끼를 갈아 바늘을 만든다.'는 뜻으로, 아무리 이루기 힘든 일도 끊임없는 노력과 끈기 있는 인내로 성공하고야 만다는 뜻

17

정답 ③

C물품의 경우 중고가 아닌 새 제품으로 구매하였으므로 SLT－E－19－10－1이 되어야 한다.

18

정답 ③

처분 시 감가 비율과 중고 여부에 따라 A～E물품의 처분가를 구하면 다음과 같다.

- A물품 : $55\times(1-0.4)=33$만 원
- B물품 : $30\times(1-0.2)=24$만 원
- C물품 : $35\times(1-0.5)\fallingdotseq17$만 원
- D물품 : $80\times(1-0.25)\times0.5=30$만 원
- E물품 : $16\times(1-0.25)\times0.5=6$만 원

따라서 A～E물품을 모두 처분할 경우 받을 수 있는 총금액은 $33+24+17+30+6=110$만 원이다.

19

정답 ⑤

유효기간이 10년 이상 남은 물품은 A, C, D이며, 이를 제휴 업체를 통해 처분할 경우 구매가격의 총합인 $55+35+80=170$만 원의 80%에 해당하는 $170\times0.8=136$만 원을 받을 수 있다.

20

정답 ④

김사원이 이동한 시간을 x초, 제휴업체 직원이 이동한 시간을 $(x-180)$초라고 하면 다음과 같은 식이 성립한다.

$3x+2(x-180)=900$

$\rightarrow 5x=1,260$

$\therefore\ x=252$

따라서 김사원이 회사에서 출발한 지 4분 12초 만에 제휴업체 직원을 만나게 된다.

21

정답 ⑤

제시문은 L사가 27개월에 걸쳐 추진한 '차세대 전력판매 정보시스템' 구축사업이 성공적으로 마무리되었다는 내용의 기사로, '차세대 전력판매 정보시스템'에 대한 설명과 기대효과를 이야기하고 있다. 따라서 제목으로 가장 적절한 것은 ⑤이다.

22

정답 ①

차세대 전력판매 정보시스템은 실제 업무에 적용을 위하여 전국 L사 사업소에 확대 사업을 추진 중이다.

23

정답 ②

'민원 응대와 모바일서비스를 확대하였으며, 개인정보보호 강화와 사용자 화면(UI)을 대폭 개선하였다.'라는 문장에 호응이 되려면 정도 따위를 끌어올린다는 뜻인 '제고하기'가 들어가는 것이 가장 적절하다.

24

정답 ②

빈칸이 있는 문단에서는 차세대 전력판매 정보시스템이 어떻게 구성되었는지를 설명하고 있다. 빈칸의 앞과 뒤에서 모두 차세대 전력판매 정보시스템의 긍정적 기능들을 설명하고 있으므로 비슷한 내용을 이어주는 '그리고'가 들어가는 것이 가장 적절하다.

25

정답 ④

제5조에 따르면 공무 항공마일리지는 사적으로 사용할 수 없다.

오답분석

① 임직원의 국외뿐 아니라 국내 공무여행에 따라 발생하는 마일리지를 관리한다.
② 공무 항공마일리지는 출장 비용의 지급 주체와 관계없이 적립하여야 한다.
③ 퇴직 후 재채용한 직원의 경우, 재직 시 적립한 공무 항공마일리지를 재채용 후 14일 이내에 회사 시스템에 입력하고 그대로 사용할 수 있다.
⑤ 적립된 공무 항공마일리지는 보너스 항공권 확보에 우선 사용한다고 하였으므로 좌석 승급보다 우선이다.

26

정답 ③

(다)의 '제2항에도 불구하고'에 따라 (다)는 3번째 순서이다. 또한 제2항의 내용이 보너스 항공권 확보에 관한 내용임을 추측할 수 있다. 따라서 보너스 항공권 확보가 우선임을 말하는 (가)가 제2항이며, (나)는 제1항이다.

27
정답 ④

제5조 제5항에 따라 공무 항공마일리지를 초과수하물, 리무진버스, 렌터카 등에 활용할 수 있으나 이는 출장과 관련된 것이어야 하며, 이용에 대한 명령권자의 승인을 받아야 한다.

28
정답 ⑤

C사원과 D사원의 항공 마일리지를 비교할 수 없으므로 순서대로 나열하면 'A－D－C－B'와 'A－C－D－B' 모두 가능하다.

29
정답 ②

목욕을 할 때는 아주 차거나 뜨거운 물보다 30 ~ 40도의 온도가 적당하다.

30
정답 ④

㉣에서는 물에서 사는 생명을 위한 온도뿐만 아니라 세탁 온도도 함께 다루고 있으므로 옷감에 대한 언급을 포함한 제목이 적절하다.

31
정답 ③

발효차와 생차의 적정 물의 온도는 제시하고 있지만 발효차와 생차의 차이에 대한 내용은 확인할 수 없다.

32
정답 ④

제시된 대본은 일상적인 소재와 화법으로 청자의 공감을 유도하며 적절한 물의 온도에 대한 정보를 전달한다.

33
정답 ③

주희가 결제한 총금액을 구하면 다음과 같다.

i) 주희가 구매한 상품의 총액

제주고등어살 2kg＋진한홍삼 30포

$=26,500\times2\times0.75+60,000\times0.43=65,550$원

ii) 배송료

3,000원(제주고등어살)＋5,000원(도서 산간지역)＋5,000원(진한홍삼)＝13,000원

따라서 주희가 결제한 총금액은 78,550원이다.

34
정답 ④

준혁이가 결제한 총금액을 구하면 다음과 같다.

i) 준혁이가 구매하는 상품 수량 및 총금액

상품명	수량	정가	할인율	합계
참목원 등심	1	53,000원	15%	45,050원
진주 파프리카	4	55,600원	40%	33,360원
☆☆쌀	1	64,000원	10%	57,600원
무농약 밤	3	78,000원	10%	70,200원

∴ 45,050＋33,360＋57,600＋70,200＝206,210원

ii) 배송료

무료 배송 이벤트는 끝난 상황이며, 배송료는 상품을 구매하는 수량에 상관없이 상품별로 적용된다.

3,000(진주 파프리카)＋2,500(무농약 밤)＝5,500원

따라서 총결제금액은 211,710원이다.

35
정답 ④

지희와 소미가 결제한 총금액을 구하면 다음과 같다.

i) 지희가 결제한 금액(원데이 특가 세일 적용)

- 진한홍삼 30포 : $60,000\times0.43=25,800$원
- 밀푀유 등심돈까스 500g×2 : $17,000\times0.9=15,300$원
- 포기김치 5호 10kg : $56,000\times0.85=47,600$원
- 연어회세트 200g : $20,000\times0.8=16,000$원
- 배송료 : 무료(이벤트 당첨)

따라서 지희가 결제한 총금액은 104,700원이다.

ii) 소미가 결제한 금액(원데이 특가 세일 적용 안 함)

- 진주 파프리카 3kg : $13,900\times2=27,800$원
- ◇◇비타민C 120정 : 10,800원
- 무농약 밤 4kg : 26,000원
- 제주고등어살 2kg : $26,500\times2=53,000$원
- 배송료 : 3,000＋2,500＋2,500＋3,000＝11,000원

따라서 소미가 결제한 총금액은 128,600원이다.

따라서 소미가 더 많은 금액을 결제하였다.

36
정답 ③

배송을 출발한 시각은 오후 3시에서 배송 완료까지의 시간만큼을 제하면 된다. 배송하는 데 걸린 시간은 $\frac{20}{60}+\frac{30}{90}=\frac{2}{3}$시간, 즉 40분이 걸렸으므로, 오후 2시 20분에 배송을 출발했다는 것을 알 수 있다.

37

정답 ②

제시문은 매실이 가진 다양한 효능을 설명하고 있으므로 이것을 아우를 수 있는 ②가 제목으로 가장 적절하다.

오답분석

④ 매실이 초록색인 것은 맞지만 본문에서 매실의 색과 관련된 효능은 언급하지 않았으므로 적절하지 않다.

38

정답 ①

구연산은 섭취한 음식을 에너지로 바꾸는 대사 작용을 돕고, 근육에 쌓인 젖산을 분해하여 피로를 풀어주며 칼슘의 흡수를 촉진하는 역할을 한다. 숙취 해소에 도움이 되는 성분은 피루브산이다.

39

정답 ④

매실이 시력 강화에 도움이 된다는 내용은 제시문에 나와 있지 않다.

오답분석

① 매실이 피로 회복에 효과가 있다는 사실과 연관 지어 판매할 수 있다.
② 매실이 피부를 촉촉하고 탄력 있게 만들어 주며, 다이어트에도 효과가 있음을 들어 판매할 수 있다.
③ 매실을 조청으로 만들어 먹으면 갱년기 장애 극복에 도움을 주며 중년의 불쾌한 증세에 빠른 효과가 있음을 들어 판매할 수 있다.
⑤ 매실의 피부르산이 간의 해독 작용을 돕는다는 것과 연관 지어 판매할 수 있다.

40

정답 ④

풋귤은 젖산을 분해하는 구연산 함량이 1.5 ~ 2%로 완숙과보다 3배 정도 높다.

오답분석

① 마지막 문단을 통해 풋귤이 감귤의 미숙과로 솎아내 버려졌음을 알 수 있다.
② 풋귤 추출물의 피부 보습 효과 실험을 통해 확인할 수 있다.
③ 동물 대식세포를 이용한 풋귤 추출물의 염증 억제 실험을 통해 확인할 수 있다.
⑤ 풋귤은 앞으로 피부 임상 실험 등을 거쳐 항염과 주름 개선 화장품 소재로도 개발될 수 있을 것이다.

롯데그룹 L-TAB 온라인 직무적합진단

3일 차 기출응용 모의고사 정답 및 해설

01	02	03	04	05	06	07	08	09	10
④	④	④	④	④	②	④	③	①	⑤
11	12	13	14	15	16	17	18	19	20
①	③	④	④	③	①	③	②	③	④
21	22	23	24	25	26	27	28	29	30
③	①	④	⑤	③	③	②	①	②	②
31	32	33	34	35	36	37	38	39	40
①	③	②	③	①	①	④	④	④	①

01

정답 ④

ㄴ. B씨의 사전평가 총점은 42점이지만 구술이 3점 미만이므로 기초 과정에 배정된다.

ㄹ. 사전평가에 응시하지 않으면 자동 면제로 처리되어 기초과정부터 참여한다.

오답분석

ㄱ. A씨의 사전평가 총점은 40점(=10+30)이므로 초급 II 과정에 배정된다.

ㄷ. C씨는 이수정지 신청 후 2년 이내에 재등록했기 때문에 과거 이수사항이 승계되어 초급 I 과정에 참여할 수 있다.

02

정답 ④

불가피한 사유(출산)로 이수정지 신청을 한 경우, 이수정지 후 2년 이내에 재등록하면 과거 이수사항 및 이수시간이 계속 승계되어 해당 과정에 참여할 수 있다고 하였으므로 중급 I 과정을 승계하여 수강하며, 100시간 중 남은 70시간을 더 이수해야 한다.

03

정답 ④

첫날은 버스를 타고, 남은 2일은 버스와 도보를 이용할 확률이 동시에 일어나야 하므로 곱의 법칙을 적용한다. 또한 남은 2일 중 첫날에 버스를 타는 경우와 둘째 날에 버스를 타는 2가지 경우가 있으므로 2를 곱해야 한다.

따라서 구하는 확률은 $\frac{1}{3}\times\left(\frac{1}{3}\times\frac{2}{3}\times2\right)=\frac{4}{27}$이다.

04

정답 ④

'필기시험 응시여부'가 아닌 '사전평가 응시여부'에 '아니요'를 체크해야 한다.

05

정답 ④

A/S 규정 중 '교환 · 환불 배송 정책' 부분을 살펴보면, A/S와 관련된 운송비는 제품 초기불량일 경우에만 당사에서 부담한다고 규정하고 있다. 그러므로 초기불량이 아닐 경우에 운송비는 고객이 부담하여야 한다. 따라서 운송비를 제외한 복구 시 발생하는 모든 비용에 대해 고객이 부담하여야 한다는 설명은 적절하지 않다.

06

정답 ②

고객의 요청을 참고하여 수리가 필요한 항목을 정리하면 다음과 같다.

- 네트워크 관련 작업 : 20,000원
- 펌웨어 업그레이드 : 20,000원
- 하드 디스크 점검 : 10,000원

따라서 고객에게 안내하여야 할 수리비용은 20,000+20,000+10,000=50,000원이다.

07

정답 ④

A/S 점검표에 따른 비용을 계산하면 다음과 같다.

- 전면 유리 파손 교체 : 3,000원
- 전원 배선 교체 : 8,000원
- 41만 화소 IR 교체 : 30,000원
- 추가 CCTV 제품비 : 80,000원
- 추가 CCTV 건물 내부(로비) 설치 : 10,000원

따라서 고객에게 청구하여야 할 비용은 3,000+8,000+30,000+80,000+10,000=131,000원이다.

08

정답 ③

A/S센터에서 고객의 사무실까지의 거리는 1.5km=1,500m이다. 걸어간 거리를 xm, 달린 거리는 $(1,500-x)$m라고 하면 다음과 같은 식이 성립한다.

$\frac{x}{40}+\frac{1,500-x}{160}=15$

$\rightarrow 4x+1,500-x=2,400$

$\rightarrow 3x=900$

$\therefore x=300$

따라서 걸어간 거리는 300m이다.

09

정답 ①

문서별 정리 일정에 따라 5월 달력에 각 문서정리가 해당되는 날을 나타내면 다음과 같다.

〈5월 달력〉

일	월	화	수	목	금	토
			1 A	2 A	3	4 B
5	6 D	7 F	8 A	9 A, E	10	11
12	13	14 F	15 A	16 A	17	18 B
19	20 D, E	21 F	22 A	23 A	24	25
26	27	28 F	29 A	30 A	31	

C문서는 A 또는 E문서를 정리하는 날에 같이 정리하므로 이에 해당되는 날짜 중 3일만 하면 된다. 따라서 가장 빈번하게 정리하는 문서는 A문서이다.

10

정답 ⑤

C문서 정리를 넷째 주에 할 수도 있고, 첫째 주 전주에도 할 수 있다. 따라서 3종류 이상 문서를 정리하지 않은 주는 정확히 알 수 없다.

11

정답 ①

C문서는 1일 또는 2일에 하루 A문서와 함께 정리하고, 첫째 주인 8, 9일에 정리하면 C의 5월 문서정리가 마무리된다. 첫째 주에 정해져 있던 5번의 문서 정리횟수에 C문서를 2번 정리하므로 총 횟수는 7번이 되어 문서 정리횟수가 가장 많은 주가 된다. 따라서 이 주에 속하는 날짜는 5월 5일이다.

12

정답 ③

09번 해설에서 정리한 달력을 참고하면 B, D문서는 2주에 1번 문서정리를 한다.

오답분석

A문서는 일주일에 2번, C문서는 한 달에 3번, E문서는 한 달에 2번, F문서는 일주일에 1번 문서정리를 한다.

13

정답 ④

할인율에 따른 월 매출액 차이는 다음과 같다.

• 10% 할인
 – K사 : 700×50만×(1−0.1)=31.5천만 원
 – L사 : 500×50만×(1−0.1)=22.5천만 원
 ∴ (매출액 차이)=31.5−22.5=9천만 원

• 20% 할인
 – K사 : 900×50만×(1−0.2)=36천만 원
 – L사 : 700×50만×(1−0.2)=28천만 원
 ∴ (매출액 차이)=36−28=8천만 원

• 30% 할인
 – K사 : 1,000×50만×(1−0.3)=35천만 원
 – L사 : 800×50만×(1−0.3)=28천만 원
 ∴ (매출액 차이)=35−28=7천만 원

따라서 두 회사가 동일한 가격할인 정책을 실시할 때, 30% 할인인 경우가 7천만 원으로 월 매출액 차이가 가장 적다.

14

정답 ④

L사에서 20% 가격할인을 진행할 경우, K사에서의 대응(가격할인)에 따라 L사의 판매량은 달라지지만 K사의 대응은 각 할인율에 대해 문제에서 확률이 제시되어 있으므로, 이를 활용하여 다음과 같이 L사의 기대매출액을 산출한다.

K사 할인율	0%	10%	20%	30%
확률	20%	40%	30%	10%
L사 판매량(a)	1,000개	800개	700개	600개
L사 상품 가격(b)	50만×(1−0.2)=40만 원			
매출액(a×b)	40천만 원	32천만 원	28천만 원	24천만 원
L사 기대매출액	40×0.2+32×0.4+28×0.3+24×0.1 =31.6천만 원			

15

정답 ③

K사가 10% 가격할인을 할 경우의 L사의 월 매출현황은 다음과 같다.

- L사가 가격을 유지할 경우
  - (매출액)=50만×300=15천만 원
  - (비용)=5천만+20만×300=11천만 원
  - (순수익)=15천만−11천만=4천만 원
- L사가 10% 가격할인을 할 경우
  - (매출액)=50만×(1−0.1)×500=22.5천만 원
  - (비용)=5천만+20만×500=15천만 원
  - (순수익)=22.5천만−15천만=7.5천만 원
- L사가 20% 가격할인을 할 경우
  - (매출액)=50만×(1−0.2)×800=32천만 원
  - (비용)=5천만+20만×800=21천만 원
  - (순수익)=32천만−21천만=11천만 원
- L사가 30% 가격할인을 할 경우
  - (매출액)=50만×(1−0.3)×1,000=35천만 원
  - (비용)=5천만+20만×1,000=25천만 원
  - (순수익)=35천만−25천만=10천만 원

따라서 L사가 20% 할인했을 때 11천만 원으로 순수익이 가장 높다.

16

정답 ①

정보를 모두 기호로 표기하면 다음과 같다.

- B → ~E
- ~B and ~E → D
- A → B or D
- C → ~D
- C → A

C가 워크숍에 참석하는 경우 D는 참석하지 않으며, A는 참석한다. A가 워크숍에 참석하면 B 또는 D 중 1명이 함께 참석하므로 B가 A와 함께 참석한다. 또한 B가 워크숍에 참석하면 E는 참석하지 않는다. 따라서 워크숍에 참석하는 직원은 A, B, C이다.

17

정답 ③

차량 대여료 및 기사 섭외비, 게임 진행자 행사비, 기념영상 제작업체 섭외비, 출장뷔페 및 조리사 섭외비는 모두 외부에 지출하는 비용이다. 시상 상품과 기념품 구매를 위한 구입비는 내부에서 지출하는 비용이다.

18

정답 ②

장소는 대부도 내 기관 연수원으로 따로 시설 및 주변을 답사할 필요가 없다.

19

정답 ③

예정되어 있던 인원에 따라 점심식사를 신청할 경우, 늦게 오는 직원 수만큼 점심식사량이 남을 수 있어 예산이 낭비된다. 따라서 약 40%의 직원을 고려하여 점심식사에 대한 의견조율이 필요하다.

오답분석

① 가장 먼저 해야 할 일로 외부 일정으로 인해 정시에 도착하지 못하는 인원을 파악해야 한다.

② 늦게 오는 직원들을 고려해 미리 정해놓은 점심식사 관련 금액과 수량 등이 적힌 내역의 수정 여부 확인이 필요하다.

④ 정확한 인원이 정해지면 창립기념일에 점심식사 및 행사시간 등을 차질 없이 진행할 수 있도록 재의사결정을 해야 한다.

⑤ 예산을 생각하여 강행하지 않고 시간대를 조금 늦춰 식사를 준비하는 등 차선책을 생각하여야 한다.

20

정답 ④

회사에서 휴게소까지의 거리를 $x$km라고 하면 다음과 같은 식이 성립한다.

$$\frac{x}{40}+\frac{128-x}{60}=3\text{시간}$$

$\therefore\ x=104$

따라서 회사에서 휴게소까지의 거리는 104km이다.

21

정답 ③

A지점 BIZ 영업팀의 업무분장에 의하면 A지점 BIZ 영업팀의 공문서 작성 및 발송 담당자는 최대리이고, 메일 내용에 따라 본사 교육팀 김주임에게 공문을 발송해야 한다. 본사 교육팀 김주임의 메일주소는 15056@lotte.net이다.

22

정답 ①

교육에 참여할 신입사원이 총 30명이므로 크래커는 30×2=60봉지, 쿠키는 30×3=90봉지, 빵은 30×1=30봉지, 주스는 30×2=60캔, 물은 30×1=30병이 필요하다.

- 크래커 구입 비용 : 60÷20×4,000=12,000원
- 쿠키 구입 비용 : 90÷30×5,000=15,000원
- 빵 구입 비용 : 30×1,000=30,000원
- 주스 구입 비용 : 60×900=54,000원
- 물 구입 비용 : 30×600=18,000원

따라서 다과를 구입하기 위해 필요한 금액은 12,000+15,000+30,000+54,000+18,000=129,000원이다.

23
정답 ④

A지점 BIZ 영업팀의 업무분장에 의하면 건설업 분야의 상품 컨설팅 및 고객 관리 업무 담당자는 최대리이다. 최대리의 내선 번호는 1214이다.

24
정답 ⑤

A지점 BIZ 영업팀의 2024년 3월 2주 일정에 의하면 김대리가 S제약에 상품 컨설팅을 위해 방문한 날짜와 시간대는 3월 6일 화요일 오후이다. 따라서 S제약에서 3월 7일 수요일 오후 5시에 연락이 온 것이므로 S제약 측에 통보해야 하는 계약날짜와 시간대는 김대리의 시간이 비어있는 3월 8일 목요일 오후이다.

25
정답 ③

회의록을 통해 회의 장소, 회의 주제, 회의 참석자, 회의록 작성자, 회의 시간은 알 수 있지만, 회의 발언자나 회의 기획자, 협력 부서는 알 수 없다.

26
정답 ③

결정사항 중 가장 기한이 빠른 것은 제2회 TED 세부 주제 검토 및 확정이다.

27
정답 ②

'유명 사이트 배너광고 검토'는 결정사항의 '광고 전략 수립 및 광고 샘플 작성'과 연계되므로 삭제해서는 안 된다.

28
정답 ①

n명을 원형으로 나열하는 경우의 수는 $(n-1)!$가지이다.
따라서 구하는 경우의 수는 $(5-1)!=4!$가지이다.

29
정답 ②

경영기획팀에서 경영공시, 외부 컨설팅 용역 총괄 심의, 국회·정부 업무를 담당하고 있다. 따라서 해당 자료를 획득하기 위해서는 경영기획팀에 협조를 요청하여야 한다.

30
정답 ②

화장품과 침구류는 쇼핑 할인 혜택에 포함되지 않는다.

31
정답 ①

5일(토)에 근무하기로 예정된 예산팀의 병이 개인 사정으로 근무일자를 변경할 경우, 해당 주에 근무가 없는 재무팀과 대체하여야 한다. 대체근무자인 다는 재무팀 소속이긴 하지만, 13일(일)에도 예산팀이 근무하는 날이기 때문에 주말 근무 규정에 어긋난다.

32
정답 ③

L그룹 인재개발원 식사 지원 사항에 의하면 식사 횟수는 총 6회(첫째 날 점심 ~ 셋째 날 아침)이다.
첫째 날 출발하는 선발대는 35명이고, 둘째 날 아침부터는 50명이 전부 아침부터 식사를 하게 되므로, 첫째 날은 35명에 대한 예산을, 둘째 날부터 마지막 날까지는 50명에 대한 예산을 책정해야 한다.

- 첫째 날 점심식사 비용(정식 통일) : $9,000\times35=315,000$원
- 셋째 날 아침식사 비용(일품 통일) : $8,000\times50=400,000$원

이때 나머지 4번의 식사는 자유롭게 고를 수 있지만, 예산을 최대로 책정해야 하므로 스파게티의 가격을 기준으로 계산해야 한다.

- 나머지 식사 비용 : $7,000\times(35+50+50+50)=1,295,000$원

따라서 책정할 금액은 $315,000+400,000+1,295,000$
$=2,010,000$원이다.

33
정답 ②

주택 또는 상가의 임대차계약은 민법에 대한 특례를 규정한 주택임대차보호법 및 상가건물 임대차보호법의 적용을 받는다.

34
정답 ③

'대가로'가 올바른 표기이다. '대가'가 [대:까]로 발음되는 까닭으로 사이시옷을 붙여 '댓가'로 표기하는 오류가 많다. 한자어의 경우 2음절로 끝나는 6개의 단어(숫자, 횟수, 셋방, 곳간, 툇간, 찻간)만 예외적으로 사이시옷이 붙는다.

35
정답 ①

B사원은 2층에 묵는 A사원보다 높은 층에 묵지만, C사원보다는 낮은 층에 묵으므로 3층 또는 4층에 묵을 수 있다. 그러나 D사원이 C사원 바로 아래층에 묵는다고 하였으므로 D사원이 4층, B사원은 3층에 묵는 것을 알 수 있다. 따라서 A ~ D사원을 높은 층에 묵는 순서대로 나열하면 'C - D - B - A'가 되며, E사원은 1층에 묵는 것을 알 수 있다.

36

정답 ①

A사원과 B사원이 함께 걸어간 거리는 (150×30)m이고, 호텔에서 교육장까지 거리는 (150×50)m이다. 따라서 A사원이 호텔에 가는 데 걸린 시간은 150×30÷300=15분이고, 다시 교육장까지 가는 데 걸린 시간은 150×50÷300=25분이다. 따라서 B사원이 교육장에 도착하는 데 걸린 시간은 20분이고, A사원이 도착하는 데 걸린 시간은 40분이므로, A사원은 B사원이 도착하고 20분 후에 교육장에 도착한다.

37

정답 ④

수동적 깊이 센서 방식에서 두 대의 카메라가 대상을 앞과 뒤에서 촬영하는지는 알 수 없다.

오답분석

①은 마지막 문단, ②는 세 번째 문단, ③은 두 번째 문단, ⑤는 첫 번째 문단에서 확인할 수 있다.

38

정답 ④

손과 몸의 상하좌우 움직임은 2차원적인 것, 앞뒤 움직임은 3차원적인 것이다. TOF 카메라는 깊이 정보를 측정하는 기계이므로 3차원 공간 좌표에서 이루어지는 손과 몸의 앞뒤 움직임도 인지할 수 있다.

오답분석

① TOF 카메라는 밝기 또는 색상으로 표현된 동영상 형태로 깊이 정보를 출력한다.
②·⑤ TOF 카메라는 적외선을 사용하기 때문에 태양광이 있는 곳에서는 사용하기 어렵고, 보통 10m 이내로 촬영 범위가 제한된다.
③ TOF 카메라는 대상에서 반사된 빛을 통해 깊이 정보를 측정한다. 따라서 빛 흡수율이 높은 대상은 깊이 정보를 획득하기 어렵다.

39

정답 ④

'우공이 산을 옮긴다.'는 뜻의 '어떤 일이든 끊임없이 노력하면 반드시 이루어짐'을 의미하는 '우공이산(愚公移山)'이 가장 적절하다.

오답분석

① 안빈낙도(安貧樂道) : 가난한 생활을 하면서도 편안한 마음으로 도를 즐겨 지킴을 이르는 말
② 호가호위(狐假虎威) : 여우가 호랑이의 위세를 빌려 호기를 부린다는 뜻으로, 남의 권세를 빌려 위세를 부리는 모습을 이르는 말
③ 각주구검(刻舟求劍) : 칼이 빠진 자리를 배에 새겨 찾는다는 뜻으로, 어리석고 미련해서 융통성이 없음을 이르는 말
⑤ 사면초가(四面楚歌) : 사방이 초나라(적군)의 노래라는 뜻으로, 아무에게도 도움을 받지 못하는 외롭고 곤란한 지경에 빠진 형편을 이르는 말

40

정답 ①

'회의장 세팅'을 p, '회의록 작성'을 q, '회의 자료 복사'를 r, '자료 준비'를 s라고 하면, $p \rightarrow \sim q \rightarrow \sim s \rightarrow \sim r$이 성립한다.
따라서 A는 옳고, B는 틀리다.

롯데그룹 L-TAB 온라인 직무적합진단

4일 차 기출응용 모의고사 정답 및 해설

01	02	03	04	05	06	07	08	09	10
③	③	③	②	①	②	④	②	②	④
11	12	13	14	15	16	17	18	19	20
③	④	④	③	①	⑤	①	③	③	③
21	22	23	24	25	26	27	28	29	30
②	③	③	①	①	③	④	④	②	④
31	32	33	34	35	36	37	38	39	40
⑤	②	⑤	④	⑤	⑤	①	②	④	①

01

정답 ③

매월 각 프로젝트에 필요한 인원을 구하면 다음과 같다.

구분	2월	3월	4월	5월	6월	7월	8월	9월
A	46							
B	42	42	42	42				
C		24	24					
D				50	50	50		
E						15	15	15
합계	88	66	66	92	50	65	15	15

5월에 가장 많은 92명이 필요하다.
따라서 모든 프로젝트를 완료하기 위해서는 최소 92명이 필요하다.

02

정답 ③

프로젝트별 총인건비를 계산하면 다음과 같다.

- A프로젝트 : 46×130만=5,980만 원
- B프로젝트 : 42×550만=23,100만 원
- C프로젝트 : 24×290만=6,960만 원
- D프로젝트 : 50×430만=21,500만 원
- E프로젝트 : 15×400만=6,000만 원

따라서 A～E프로젝트를 인건비가 가장 적게 드는 것부터 나열한 순서는 'A－E－C－D－B'임을 알 수 있다.

03

정답 ③

02번 해설에서 구한 총인건비와 진행비를 합산하여 각 프로젝트에 들어가는 총비용을 계산하면 다음과 같다.

- A프로젝트 : 5,980만+20,000만=25,980만 원
- B프로젝트 : 23,100만+3,000만=26,100만 원
- C프로젝트 : 6,960만+15,000만=21,960만 원
- D프로젝트 : 21,500만+2,800만=24,300만 원
- E프로젝트 : 6,000만+16,200만=22,200만 원

따라서 C프로젝트가 21,960만 원으로 총비용이 가장 적게 든다.

04

정답 ②

제시문을 정리하면 다음과 같다.

구분	월	화	수	목	금	토·일	월
A						휴가 일수에 포함되지 않음	
B							
C							
D							

- A : C는 다음 주 월요일까지 휴가이다.
- B : D는 금요일까지 휴가이다.

따라서 B만 옳은 것을 알 수 있다.

05

정답 ①

수하물을 분실한 경우에는 화물인수증을 해당 항공사 직원에게 제시하고, 분실 신고서를 작성해야 한다. 이때 공항에서 짐을 찾을 수 없게 되면 항공사에서 책임지고 배상해준다.

06

정답 ②

현지에서 물품을 분실한 경우 현지 경찰서에서 도난 신고서를 발급받고 그 서류를 귀국 후 해당 보험회사에 청구하면 보험금을 받을 수 있다.

07

정답 ④

순항할 때와 아닐 때의 비행 거리를 각각 구하면 다음과 같다.

- 순항 중일 때 날아간 거리 : $860\times\left(3+\frac{30-15}{60}\right)=2,795\text{km}$
- 기상 악화일 때 날아간 거리 : $(860-40)\times\frac{15}{60}=205\text{km}$

따라서 날아간 거리는 총 2,795+205=3,000km이다.

08

정답 ②

'등하불명(燈下不明)'은 '등잔 밑이 어둡다.'는 뜻으로, 가까이에 있는 물건이나 사람을 잘 찾지 못함을 이르는 말

오답분석

① 누란지위(累卵之危) : 층층이 쌓아 놓은 알의 위태로움이라는 뜻으로, 몹시 아슬아슬한 위기를 비유적으로 이르는 말

③ 수구초심(首丘初心) : 여우는 죽을 때 구릉을 향(向)해 머리를 두고 초심으로 돌아간다는 뜻으로, 근본을 잊지 않음 또는 죽어서라도 고향 땅에 묻히고 싶어 하는 마음을 이르는 말

④ 조족지혈(鳥足之血) : 새 발의 피라는 뜻으로, 매우 적은 분량을 비유적으로 이르는 말

⑤ 지란지교(芝蘭之交) : 지초와 난초의 교제라는 뜻으로, 벗 사이의 맑고도 고귀한 사귐을 이르는 말

09

정답 ②

A부서의 수리 요청 내역별 수리요금을 구하면 다음과 같다.

- RAM 8GB 교체
  - 수량 : 15개(∵ 교체 12개, 추가설치 3개)
  - 개당 교체 및 설치비용 : 8,000+96,000=104,000원

  ∴ A부서의 RAM 8GB 교체비용 : 104,000×15=1,560,000원
- SSD 250GB 추가설치
  - 수량 : 5개
  - 개당 설치비용 : 9,000+110,000=119,000원

  ∴ A부서의 SSD 250GB 추가설치비용 : 119,000×5=595,000원
- 프로그램 설치
  - 수량 : 문서작성 프로그램 10개, 3D그래픽 프로그램 10개
  - 문서작성 프로그램 개당 설치비용 : 6,000원
  - 3D그래픽 프로그램 개당 설치비용 : 6,000+1,000=7,000원

  ∴ A부서의 프로그램 설치비용 : (6,000×10)+(7,000×10) =130,000원

따라서 수리 요청 내역과 수리요금이 바르게 짝지어진 것은 ②이다.

10

정답 ④

- HDD 1TB 교체
  - 수량 : 4개
  - 개당 교체비용 : 8,000+50,000=58,000원
  - 개당 백업비용 : 100,000원

  ∴ B부서의 HDD 1TB 교체비용 : (100,000+58,000)×4=632,000원
- HDD 포맷·배드섹터 수리
  - 수량 : 15개
  - 개당 수리비용 : 10,000원

  ∴ B부서의 HDD 포맷·배드섹터 수리비용 : 10,000×15=150,000원
- 바이러스 치료 및 백신 설치
  - 수량 : 6개
  - 개당 치료·설치비용 : 10,000원

  ∴ B부서의 바이러스 치료 및 백신 설치비용 : 10,000×6=60,000원

따라서 B부서에 청구되어야 할 수리요금은 632,000+150,000+60,000=842,000원이다.

11

정답 ③

- 진단 시간 : 2시간
- 데이터 복구 소요 시간 : $\frac{270}{7.5}=36$시간

즉, 데이터를 복구하는 데 걸리는 총시간은 2+36=38시간으로, 1일 14시간이 걸린다. 2일 차에 데이터 복구가 완료되고 다음 날 직접 배송하므로, Y사원이 U과장에게 안내할 기간은 3일이다.

12

정답 ④

80m/min의 속력으로 걸은 거리를 xm라고 하면 다음과 같은 식이 성립한다.

$$\frac{x}{80}+\frac{2,000-x}{160}=20$$

$$\rightarrow 2x+2,000-x=3,200$$

$$\therefore x=1,200$$

따라서 80m/min의 속력으로 걸은 거리는 1,200m이다.

13

정답 ④

직급에 따른 업무항목별 계산 기준에 따르면, B차장의 업무평점은 (80×0.3)+(85×0.2)+(90×0.5)=86점이다.

14

정답 ③

직급에 따른 업무항목별 계산 기준에 따르면, A사원의 업무평점은 (86×0.5)+(70×0.3)+(80×0.2)=80점이다.

승진심사 평점은 업무(80%)+능력(10%)+태도(10%)이므로 (80×0.8)+(80×0.1)+(60×0.1)=78점이다.

15

정답 ①

주어진 수나 식을 일정한 규칙에 따라 처리하여 수치를 구하는 의미로 쓰였다.

오답분석

② 값을 치른다는 의미로 쓰였다.

③·⑤ 어떤 일이 자기에게 이해득실이 있는지 따진다는 의미로 쓰였다.

④ 어떤 일을 예상하거나 고려한다는 의미로 쓰였다.

16

정답 ⑤

'절차탁마(切磋琢磨)'는 '옥이나 돌을 갈고 닦아서 빛을 낸다.'는 뜻으로, 학문이나 인격을 갈고 닦는다는 의미이다.

오답분석

① 각골통한(刻骨痛恨) : 뼈에 새겨 놓을 만큼 잊을 수 없고 고통스러운 원한

② 비분강개(悲憤慷慨) : 의롭지 못한 일이나 잘못되어 가는 세태가 슬프고 분하여 마음이 북받침

③ 원철골수(怨徹骨髓) : 원한이 깊어 골수에 사무친다는 뜻으로 원한이 잊을 수 없을 정도로 깊음

④ 교아절치(咬牙切齒) : 어금니를 악물고 이를 갈면서 몹시 분해 함

17

정답 ①

방 배정기준을 표로 정리하면 다음과 같다.

<table>
<tr><th colspan="2">구분</th><th colspan="3">경우 1</th><th colspan="3">경우 2</th></tr>
<tr><td rowspan="2">층별 사용자</td><td>2층</td><td colspan="2">A, C</td><td>F</td><td colspan="2">A, E</td><td>F</td></tr>
<tr><td>1층</td><td>B, G</td><td>D</td><td>E</td><td>B, G</td><td>C</td><td>D</td></tr>
</table>

따라서 A와 방을 함께 쓸 사람은 C 또는 E이다.

18

정답 ③

17번 해설을 따르면 경우 1에서는 B, D, G, E가 1층을, 경우 2에서는 B, C, D, G가 1층을 사용한다. 따라서 어떠한 경우에도 1층은 항상 4명이 방을 사용한다.

19

정답 ③

다섯 번째 조건에서 C와 E는 다른 층을 사용한다고 하였다. 따라서 E가 1층을 사용할 경우는 17번 해설로부터 경우 1에 해당하므로 C는 2층에서 A와 방을 함께 사용한다.

20

정답 ③

17번 해설을 따르면 경우 1에서는 A, C, F가 2층을, 경우 2에서는 A, E, F가 2층을 사용한다. 따라서 어떠한 경우에도 2층은 항상 3명이 방을 사용한다.

21

정답 ②

제2조 제3항에 따르면 1개월 이상 L사 직원으로 근무하였음에도 성과평가 결과를 부여받지 못한 경우에는 최하등급 기준으로 성과연봉을 지급한다.

22

정답 ③

성과급 지급 규정의 평가기준 가중치에 따라 O대리의 평가점수를 변환해보면 다음과 같다.

(단위 : 점)

구분	전문성	유용성	수익성	총합	등급
1분기	1.8	1.6	3.5	6.9	C
2분기	2.1	1.4	3.0	6.5	C
3분기	2.4	1.2	3.5	7.1	B
4분기	2.1	1.6	4.5	8.2	A

따라서 1～2분기에는 40만 원, 3분기에는 60만 원, 4분기에는 80만 원으로 1년 동안 총 220만 원을 받는다.

23

정답 ③

바뀐 성과급 지급 규정에 따라 가중치를 적용하여 O대리의 평가점수를 변환해보면 다음과 같다.

(단위 : 점)

구분	전문성	유용성	수익성	총합	등급
1분기	1.8	1.6	4.2	7.6	B
2분기	2.1	1.4	3.6	7.1	B
3분기	2.4	1.2	4.2	7.8	B
4분기	2.1	1.6	5.4	9.1	S

1～3분기에는 60만 원, 4분기에는 100만 원으로, 1년 동안 총 280만 원을 받아 변경 전보다 60만 원을 더 받는다.

24

정답 ①

A사원이 S등급을 받을 확률이 $\frac{1}{3}$이고 B사원이 S등급을 받을 확률이 $\frac{3}{5}$이다.

따라서 A사원과 B사원 둘 다 S등급을 받을 확률은 $\frac{1}{3} \times \frac{3}{5} = \frac{1}{5}$ $= 20\%$이다.

25

정답 ①

매주 월요일 '커피 머신 청소'와 '주간회의 준비 및 진행'에 따라 반복적으로 수행해야 하는 업무는 2가지임을 알 수 있다.

26

정답 ③

오늘은 7월 12일 화요일이므로 내일은 7월 13일 수요일이다. '급여 이체의뢰서 작성 및 지급 은행 제출'의 업무(완수)일은 14일 목요일이므로 내일까지 완료해야 할 업무가 아니다.

오답분석

①·②·④·⑤ 어제까지 완료한 업무는 월요일마다 하는 '커피 머신 청소', '주간회의 준비'와 '자동문 수리 기사 방문 확인'이 있다. 그리고 내일까지 사내 비치용 다과를 구입해야 한다.

27

정답 ④

7월 21일 14시 ~ 14시 30분 사이에 에어컨 필터 교체 기사가 방문하며, 소요시간이 2시간이라고 하였다. 따라서 7월 21일 10:00 ~ 15:00에는 교육 수강이 불가능하다.

28

정답 ④

8월 첫째 주에 처리해야 할 업무 순서는 8월 1일 월요일 업무이다. 매주 월요일 '커피 머신 청소' 그리고 '주간회의 준비 및 진행'이 있다. 첫째 주 주간회의는 오전 10시 시작이므로 출근 후 시간이 충분할 경우 주간회의 시작 전에 완료해야 하는 '커피 머신 청소'와 주간회의 전에 해야 하는 '주간회의 준비 및 진행'을 먼저 해야 한다. 다음으로 업무 목록을 보면 8월 4일 목요일에 '급여 계산 완료 및 결재 요청'에 착수해야 하며, 다음 날에는 '2차 팀워크 향상 교육 준비'에 착수해야 한다.

업무 내용을 업무(완수)일이 일찍 끝나는 날부터 정리하면 다음과 같다.

업무 내용	필요 기간	착수일	업무 (완수)일
▶ 자동문 수리 기사 방문(오전 11 ~ 12시 사이)	1시간	07.11(월)	07.11(월)
▶ 사내 비치용 다과 구입	1시간	07.13(수)	07.13(수)
▶ 급여 이체의뢰서 작성 및 지급 은행 제출	3시간	07.14(목)	07.14(목)
▶ 1차 팀워크 향상 교육 준비	4일	07.21(목)	07.27(수)
▶ 2차 팀워크 향상 교육 준비	3일	08.05(금)	08.10(수)
▶ 급여 계산 완료 및 결재 요청	5일	08.04(목)	08.11(목)
▶ 급여 이체의뢰서 작성 및 지급 은행 제출	3시간	08.12(금)	08.14(일)
▶ 3차 팀워크 향상 교육 준비	3일	08.19(금)	08.24(수)
▶ 팀워크 향상 교육 결과 보고서 제출	4일	08.25(목)	08.31(수)

따라서 8월 첫째 주 일처리 순서는 '커피 머신 청소 → 주간회의 준비 및 진행 → 급여 계산 완료 및 결재 요청 → 2차 팀워크 향상 교육 준비'임을 알 수 있다.

29

정답 ②

선택지에 제시된 항공편의 비용은 다음과 같다.

① SP – 340 : 87×10×2×0.9=1,566만 원

② GE – 023 : 70×10×2=1,400만 원

③ NL – 110 : 85×10×2×0.95=1,615만 원

④ KR – 730 : 88×10×2=1,760만 원

⑤ AR – 018 : 90×10×2×0.85=1,530만 원

따라서 가장 저렴한 비용으로 이용할 수 있는 항공편은 GE – 023이다.

30

정답 ④

네덜란드와 한국의 시차는 8시간이며 한국이 더 빠르다고 명시되어 있으므로, 한국시각으로 2024년 5월 11일 오전 1시에 네덜란드 농민과의 만찬이 예정되어 있다. 만찬 장소까지 소요되는 5분을 고려하여 네덜란드 공항에는 2024년 5월 11일 오전 12시 55분까지 도착해야 한다. 각 선택지에 제시된 항공편의 도착시간은 다음과 같다.

① SP – 340 : 한국시각 2024년 5월 10일 14시+11시간 50분 =2024년 5월 11일 오전 1시 50분

② GE – 023 : 한국시각 2024년 5월 10일 9시+5시간+10시간 30분=2024년 5월 11일 오전 12시 30분

③ NL – 110 : 한국시각 2024년 5월 10일 14시 10분+11시간 10분=2024년 5월 11일 오전 1시 20분

④ KR – 730 : 한국시각 2024년 5월 10일 12시+12시간 55분 =2024년 5월 11일 오전 12시 55분

⑤ AR – 018 : 한국시각 2024년 5월 10일 13시+12시간 50분 =2024년 5월 11일 오전 1시 50분

따라서 이 시간까지 도착할 수 있는 항공편 ②, ④ 중에서 경유시간이 없는 KR – 730을 선택한다.

31

정답 ⑤

네덜란드 현지시각으로 2024년 5월 10일 오후 4시는 한국시각으로 2024년 5월 11일 오전 12시이다.

각 선택지에 제시된 항공편의 도착시각은 다음과 같다.

① GE – 023 : 한국시각 2024년 5월 10일 9시+5시간+10시간 30분=2024년 5월 11일 오전 12시 30분

② NL – 110 : 한국시각 2024년 5월 10일 14시 10분+11시간 10분=2024년 5월 11일 오전 1시 20분

③ KR – 730 : 한국시각 2024년 5월 10일 12시+12시간 55분 =2024년 5월 11일 오전 12시 55분

④ AR – 018 : 한국시각 2024년 5월 10일 오후 1시+12시간 50분=2024년 5월 11일 오전 1시 50분

⑤ OL – 038 : 한국시각 2024년 5월 10일 10시 30분+3시간+10시간 30분=2024년 5월 11일 오전 12시

따라서 이 시간까지 도착할 수 있는 항공편은 OL – 038이다.

32

정답 ②

회사에서 공항까지의 거리를 $x$km라고 하면 다음과 같은 식이 성립한다.

$\frac{x}{40}=\frac{x}{45}+\frac{1}{6}$

$\rightarrow 9x-8x=60$

$\therefore x=60$

따라서 회사에서 공항까지의 거리는 60km이다.

33

정답 ⑤

지원자의 직무 능력을 가릴 수 있는 요소들을 배제하는 것은 기존의 채용 방식이 아닌 블라인드 채용 방식이며, 이를 통해 직무 능력만으로 인재를 평가할 수 있다. 따라서 ⑤는 블라인드 채용의 등장 배경으로 적절하지 않다.

34

정답 ④

블라인드 면접의 경우 자료 없이 면접을 진행하는 무자료 면접 방식과 면접관의 인지적 편향을 유발할 수 있는 항목을 제거한 자료를 기반으로 진행하는 면접 방식이 있다.

오답분석

① 무서류 전형은 최소한의 정보만을 포함한 입사지원서를 접수하되 이를 선발 기준으로 활용하지 않는 방식이다.
② 블라인드 처리되어야 할 정보를 수집할 경우, 온라인 지원서 상 개인정보를 암호화하여 채용담당자는 이를 볼 수 없도록 기술적으로 처리한다.
③ 무자료 면접 방식은 입사지원서, 인·적성검사 결과 등의 자료 없이 면접을 진행한다.
⑤ 기존에 쌓아온 능력·지식 등은 서류 전형이 아닌 필기 및 면접 전형을 통해 검증된다.

35

정답 ⑤

㉠은 지원자들의 무분별한 스펙 경쟁을 유발하는 반면, ㉡은 지원자의 목표 지향적인 능력과 역량 개발을 촉진한다.

36

정답 ⑤

월요일부터 토요일까지 각 팀의 회의 진행 횟수가 같으므로 6일 동안 6개 팀은 각각 2번씩 회의를 진행해야 한다. 주어진 조건에 따라 A~F팀의 회의 진행 요일을 정리하면 다음과 같다.

<table>
<tr><th>월</th><th>화</th><th>수</th><th>목</th><th>금</th><th>토</th></tr>
<tr><td rowspan="2">C, B</td><td rowspan="2">D, B</td><td>C, E</td><td rowspan="2">A, F</td><td rowspan="2">A, F</td><td>D, E</td></tr>
<tr><td>D, E</td><td>C, E</td></tr>
</table>

오답분석

① E팀은 수요일과 토요일에 모두 회의를 진행한다.
② 화요일에 회의를 진행한 팀은 B팀과 D팀이다.
③ C팀과 E팀은 수요일과 토요일 중 하루는 함께 회의를 진행한다.
④ C팀은 월요일에 1번 회의를 진행하였고, 수요일 또는 토요일 중 하루만 회의를 진행한다.

37

정답 ①

(다)에서 천연가스의 경쟁력과 천연가스가 기존의 주요 화석 에너지를 대체할 수 있는 에너지원이라는 점이 세계적으로 입증되고 있다고 말하고 있으므로 첫 번째 문단으로 오는 것이 적절하다. 그 후에 세계적인 추세와는 다른 우리나라에서의 천연가스 역할을 언급하고 있는 (가), 그 뒤로 우리나라의 에너지 정책이 나아가야 할 방향을 제시하고 있는 (나)가 와야 한다.
따라서 (다) – (가) – (나) 순서대로 이어지는 것이 적절하다.

38

정답 ②

천연가스는 화석연료라는 점에서 감축의 대상이지만 온실가스 배출량 감축의 실행적인 측면에서 기존의 주요 화석 에너지를 대체하는 에너지원이기도 하다. 궁극적으로는 신재생에너지로의 전환 과정에서 천연가스는 화석연료와 신재생에너지 사이를 연결하는 '가교 역할'을 한다고 볼 수 있다.

39

정답 ④

제시문에서 천연가스의 긍정적 전망과 경쟁력을 언급하면서 에너지원으로서의 국가에너지 믹스에서 역할이 더욱 기대된다고 말하고 있다. 그 이후로 우리나라 에너지 정책방향을 제시하고 있으므로 '국가 에너지 믹스에서 천연가스의 역할'이 주제로 가장 적절하다.

40

정답 ①

'겉과 속이 다르다.'의 뜻을 가진 한자성어는 '부화뇌동(附和雷同)'이 아니라 '표리부동(表裏不同)'이다. '부화뇌동(附和雷同)'은 '줏대 없이 남의 말을 따르다.'라는 의미이다.

오답분석

② 조삼모사(朝三暮四) : 간사한 꾀로 남을 속여 희롱함을 이르는 말
③ 지음(知音) : 마음이 서로 통하는 친한 벗을 비유적으로 이르는 말
④ 여반장(如反掌) : 손바닥을 뒤집는 것 같다는 뜻으로, 일이 매우 쉬움을 이르는 말
⑤ 고진감래(苦盡甘來) : 쓴 것이 다하면 단 것이 온다는 뜻으로, 고생 끝에 즐거움이 옴을 이르는 말

※ 절취선을 따라 분리하여 실제 시험과 같이 사용하면 더욱 효과적입니다.

롯데그룹 L-TAB 온라인 직무적합진단 답안지

고사장

성 명

수 험 번 호						
⓪	⓪	⓪	⓪	⓪	⓪	⓪
①	①	①	①	①	①	①
②	②	②	②	②	②	②
③	③	③	③	③	③	③
④	④	④	④	④	④	④
⑤	⑤	⑤	⑤	⑤	⑤	⑤
⑥	⑥	⑥	⑥	⑥	⑥	⑥
⑦	⑦	⑦	⑦	⑦	⑦	⑦
⑧	⑧	⑧	⑧	⑧	⑧	⑧
⑨	⑨	⑨	⑨	⑨	⑨	⑨

감독위원 확인
㊞

문번	1	2	3	4	5	문번	1	2	3	4	5	문번	1	2	3	4	5
1	①	②	③	④	⑤	16	①	②	③	④	⑤	31	①	②	③	④	⑤
2	①	②	③	④	⑤	17	①	②	③	④	⑤	32	①	②	③	④	⑤
3	①	②	③	④	⑤	18	①	②	③	④	⑤	33	①	②	③	④	⑤
4	①	②	③	④	⑤	19	①	②	③	④	⑤	34	①	②	③	④	⑤
5	①	②	③	④	⑤	20	①	②	③	④	⑤	35	①	②	③	④	⑤
6	①	②	③	④	⑤	21	①	②	③	④	⑤	36	①	②	③	④	⑤
7	①	②	③	④	⑤	22	①	②	③	④	⑤	37	①	②	③	④	⑤
8	①	②	③	④	⑤	23	①	②	③	④	⑤	38	①	②	③	④	⑤
9	①	②	③	④	⑤	24	①	②	③	④	⑤	39	①	②	③	④	⑤
10	①	②	③	④	⑤	25	①	②	③	④	⑤	40	①	②	③	④	⑤
11	①	②	③	④	⑤	26	①	②	③	④	⑤						
12	①	②	③	④	⑤	27	①	②	③	④	⑤						
13	①	②	③	④	⑤	28	①	②	③	④	⑤						
14	①	②	③	④	⑤	29	①	②	③	④	⑤						
15	①	②	③	④	⑤	30	①	②	③	④	⑤						

※ 본 답안지는 마킹연습용 모의 답안지입니다.

※ 절취선을 따라 분리하여 실제 시험과 같이 사용하면 더욱 효과적입니다.

롯데그룹 L-TAB 온라인 직무적합진단 답안지

고사장

성 명

수 험 번 호						
⓪	⓪	⓪	⓪	⓪	⓪	⓪
①	①	①	①	①	①	①
②	②	②	②	②	②	②
③	③	③	③	③	③	③
④	④	④	④	④	④	④
⑤	⑤	⑤	⑤	⑤	⑤	⑤
⑥	⑥	⑥	⑥	⑥	⑥	⑥
⑦	⑦	⑦	⑦	⑦	⑦	⑦
⑧	⑧	⑧	⑧	⑧	⑧	⑧
⑨	⑨	⑨	⑨	⑨	⑨	⑨

감독위원 확인
㊞ 인

문번	1	2	3	4	5	문번	1	2	3	4	5	문번	1	2	3	4	5
1	①	②	③	④	⑤	16	①	②	③	④	⑤	31	①	②	③	④	⑤
2	①	②	③	④	⑤	17	①	②	③	④	⑤	32	①	②	③	④	⑤
3	①	②	③	④	⑤	18	①	②	③	④	⑤	33	①	②	③	④	⑤
4	①	②	③	④	⑤	19	①	②	③	④	⑤	34	①	②	③	④	⑤
5	①	②	③	④	⑤	20	①	②	③	④	⑤	35	①	②	③	④	⑤
6	①	②	③	④	⑤	21	①	②	③	④	⑤	36	①	②	③	④	⑤
7	①	②	③	④	⑤	22	①	②	③	④	⑤	37	①	②	③	④	⑤
8	①	②	③	④	⑤	23	①	②	③	④	⑤	38	①	②	③	④	⑤
9	①	②	③	④	⑤	24	①	②	③	④	⑤	39	①	②	③	④	⑤
10	①	②	③	④	⑤	25	①	②	③	④	⑤	40	①	②	③	④	⑤
11	①	②	③	④	⑤	26	①	②	③	④	⑤						
12	①	②	③	④	⑤	27	①	②	③	④	⑤						
13	①	②	③	④	⑤	28	①	②	③	④	⑤						
14	①	②	③	④	⑤	29	①	②	③	④	⑤						
15	①	②	③	④	⑤	30	①	②	③	④	⑤						

※ 본 답안지는 마킹연습용 모의 답안지입니다.

※ 절취선을 따라 분리하여 실제 시험과 같이 사용하면 더욱 효과적입니다.

롯데그룹 L-TAB 온라인 직무적합진단 답안지

고사장

성 명

수 험 번 호						
⓪	⓪	⓪	⓪	⓪	⓪	⓪
①	①	①	①	①	①	①
②	②	②	②	②	②	②
③	③	③	③	③	③	③
④	④	④	④	④	④	④
⑤	⑤	⑤	⑤	⑤	⑤	⑤
⑥	⑥	⑥	⑥	⑥	⑥	⑥
⑦	⑦	⑦	⑦	⑦	⑦	⑦
⑧	⑧	⑧	⑧	⑧	⑧	⑧
⑨	⑨	⑨	⑨	⑨	⑨	⑨

감독위원 확인
인

문번	1	2	3	4	5	문번	1	2	3	4	5	문번	1	2	3	4	5
1	①	②	③	④	⑤	16	①	②	③	④	⑤	31	①	②	③	④	⑤
2	①	②	③	④	⑤	17	①	②	③	④	⑤	32	①	②	③	④	⑤
3	①	②	③	④	⑤	18	①	②	③	④	⑤	33	①	②	③	④	⑤
4	①	②	③	④	⑤	19	①	②	③	④	⑤	34	①	②	③	④	⑤
5	①	②	③	④	⑤	20	①	②	③	④	⑤	35	①	②	③	④	⑤
6	①	②	③	④	⑤	21	①	②	③	④	⑤	36	①	②	③	④	⑤
7	①	②	③	④	⑤	22	①	②	③	④	⑤	37	①	②	③	④	⑤
8	①	②	③	④	⑤	23	①	②	③	④	⑤	38	①	②	③	④	⑤
9	①	②	③	④	⑤	24	①	②	③	④	⑤	39	①	②	③	④	⑤
10	①	②	③	④	⑤	25	①	②	③	④	⑤	40	①	②	③	④	⑤
11	①	②	③	④	⑤	26	①	②	③	④	⑤						
12	①	②	③	④	⑤	27	①	②	③	④	⑤						
13	①	②	③	④	⑤	28	①	②	③	④	⑤						
14	①	②	③	④	⑤	29	①	②	③	④	⑤						
15	①	②	③	④	⑤	30	①	②	③	④	⑤						

※ 본 답안지는 마킹연습용 모의 답안지입니다.

※ 절취선을 따라 분리하여 실제 시험과 같이 사용하면 더욱 효과적입니다.

롯데그룹 L-TAB 온라인 직무적합진단 답안지

고사장

성 명

수험번호						
⓪	⓪	⓪	⓪	⓪	⓪	⓪
①	①	①	①	①	①	①
②	②	②	②	②	②	②
③	③	③	③	③	③	③
④	④	④	④	④	④	④
⑤	⑤	⑤	⑤	⑤	⑤	⑤
⑥	⑥	⑥	⑥	⑥	⑥	⑥
⑦	⑦	⑦	⑦	⑦	⑦	⑦
⑧	⑧	⑧	⑧	⑧	⑧	⑧
⑨	⑨	⑨	⑨	⑨	⑨	⑨

감독위원 확인
인

문번	1	2	3	4	5	문번	1	2	3	4	5	문번	1	2	3	4	5
1	①	②	③	④	⑤	16	①	②	③	④	⑤	31	①	②	③	④	⑤
2	①	②	③	④	⑤	17	①	②	③	④	⑤	32	①	②	③	④	⑤
3	①	②	③	④	⑤	18	①	②	③	④	⑤	33	①	②	③	④	⑤
4	①	②	③	④	⑤	19	①	②	③	④	⑤	34	①	②	③	④	⑤
5	①	②	③	④	⑤	20	①	②	③	④	⑤	35	①	②	③	④	⑤
6	①	②	③	④	⑤	21	①	②	③	④	⑤	36	①	②	③	④	⑤
7	①	②	③	④	⑤	22	①	②	③	④	⑤	37	①	②	③	④	⑤
8	①	②	③	④	⑤	23	①	②	③	④	⑤	38	①	②	③	④	⑤
9	①	②	③	④	⑤	24	①	②	③	④	⑤	39	①	②	③	④	⑤
10	①	②	③	④	⑤	25	①	②	③	④	⑤	40	①	②	③	④	⑤
11	①	②	③	④	⑤	26	①	②	③	④	⑤						
12	①	②	③	④	⑤	27	①	②	③	④	⑤						
13	①	②	③	④	⑤	28	①	②	③	④	⑤						
14	①	②	③	④	⑤	29	①	②	③	④	⑤						
15	①	②	③	④	⑤	30	①	②	③	④	⑤						

※ 본 답안지는 마킹연습용 모의 답안지입니다.

2025 최신판 시대에듀 사이다 모의고사
롯데그룹 L-TAB 온라인 직무적합진단

개정12판1쇄 발행	2025년 02월 20일 (인쇄 2024년 12월 11일)
초 판 발 행	2018년 10월 15일 (인쇄 2018년 10월 02일)
발 행 인	박영일
책 임 편 집	이해욱
편 저	SDC(Sidae Data Center)
편 집 진 행	안희선 · 정수현
표지디자인	박종우
편집디자인	김경원 · 고현준
발 행 처	(주)시대고시기획
출 판 등 록	제10-1521호
주 소	서울시 마포구 큰우물로 75 [도화동 538 성지 B/D] 9F
전 화	1600-3600
팩 스	02-701-8823
홈 페 이 지	www.sdedu.co.kr

I S B N	979-11-383-8462-9 (13320)
정 가	18,000원

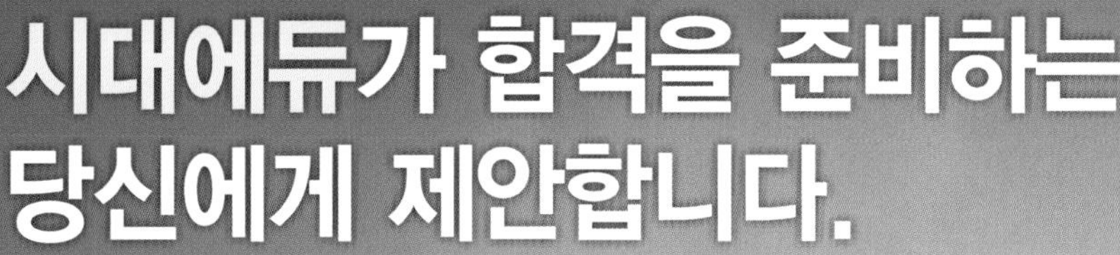
시대에듀가 합격을 준비하는
당신에게 제안합니다.

앞선 정보 제공! 도서 업데이트

언제, 왜 업데이트될까?

도서의 학습 효율을 높이기 위해 자료를 추가로 제공할 때!
공기업 · 대기업 필기시험에 변동사항 발생 시 정보 공유를 위해!
공기업 · 대기업 채용 및 시험 관련 중요 이슈가 생겼을 때!

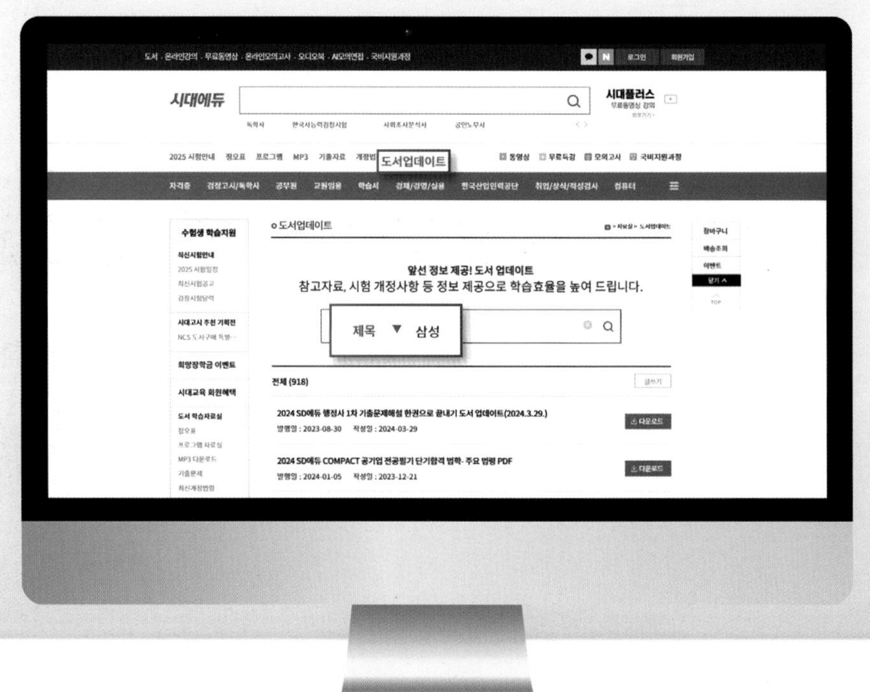

01 시대에듀 도서 www.sdedu.co.kr/book 홈페이지 접속

02 상단 카테고리 「도서업데이트」 클릭

03 해당 기업명으로 검색

참고자료, 시험 개정사항 등 정보 제공으로 학습효율을 높여 드립니다.